JN439322

저 눈밭의 노루처럼

저 눈밭의 노루처럼

오태익 수필집

수필과비평사

■ 책머리에

노루는 원래 겁이 많은 동물이다.

야생동물보호에 힘입어 한라산의 노루 개체 수가 많이 늘었다. 어쩌다 등산길에 마주쳐도 놀라서 멀리 도망가지 않는다.

어느 날의 눈밭 등산길에서였다. 올라간 만큼 다시 내려오는 것은 등산의 순리다. 윗세오름의 자락으로 내려온 노루 네 마리가 무슨 대책회의를 하듯이 머리를 맞대고 모여 있었다. 원래는 겁이 많은 노루가 이젠 사람과 친해져서 도망갈 생각을 않는다.

여유있는 모습이었다. 그러한 여유가 어디에서 나오는지 노루들에게 특강을 받을 일이다.

흰 눈밭의 노루처럼 일단은 여유를 갖고 볼 일이다. 바쁜 세상 살면서 느긋하게 여유를 가져본 적이 언제였던가.

다시 졸작을 한 권으로 묶는데 많은 분들의 도움이 있었고, 결정적인 힘이 된 제주문화예술재단의 관계자들에게도 고마움을 전한다.

2010년 3월에

유리왓 동산에서 오태익

| 차례 |

제2부
바람·돌·여자

제3부
불 꺼진 집에 불이 켜지는 보람

제4부
다시 어머니의 빈방

제5부
음치의 막춤

제6부
끝나지 않는 숙제

제1부

그리운 성산포

추억의 바닷가를 거닐면서

8월로 접어들면서도 30도를 넘는 무더위가 이어진다. 이럴 때는 한 줄기 시원한 소나기라도 쏟아지면 좋으련만 올해는 소나기도 거의 없다. 계절의 맛은 계절다워야 하니 이 한여름엔 무더위가 제격인가 보다. 동창회니 친목회니 반상회니 무슨무슨 모임이니 하면서 너도 나도 들로 바다로 나선다.

어제는 동네 반야유회에 참여했다. 바쁜 일이 있다고 일 년에 한 번 있는 야유회에 빠져서는 동네 사람들로부터 '왕따'당하기 쉽기에 애초부터 다른 일은 모두 접어두었다. 어렸을 적을 생각하면 여기도 도시화가 많이 진행돼서 옛날처럼의 정 나눔은 없어졌지만, 언제고 반가운 사람들이 동네 사람들이다.

반야유회 장소는 이 마을 사람들이 애용하는 '속골' 바닷가였다. 다른 여러 팀들도 이곳을 야유회 장소로 택했으나 불편은 없다. '속골' 서쪽 편으로는 울창하게 워싱턴야자수가 그늘을 만들고 있어서 천막이 없이도 놀기에 좋았다.

워싱턴야자수가 백여 그루 심어져 있는 곳은 '수모르 소공원'의 연장선상이다. 육지부의 80노옹이 이 경치 좋은 곳에 정착을 하려고 일만 평 가까운 바닷가 밭을 구입해서 귤나무도 심고 공원도 만들었다. 워싱턴야자수 그늘도 마을 사람들에겐 무료로 제공되고 외지인에게는 약간의 이용료를 받고 있다고 한다. 넉넉한 마음의 노옹이라서 오래 장수할 것이라고 생각해 본다.

'속골'은 상류 어딘가에 물 나는 곳이 있어서 연중 마르지 않는 담수터이다.

적당히 차가운 물도 일품이려니와 어린이들이 수영하기에 알맞게 서귀포시에서 공사를 해놔서 어느 인조 수영장 못지않게 안전하다. '속골' 물은 바로 코앞의 바다로 빠지고 있어서 고인물이 아닌 신선한 물이다. 썰물 때에는 바로 앞의 바다에서 꼬막, 조개, 소라새끼 등을 잡을 수 있으니 이 또한 즐거움이다.

반야유회라 그런지 어떤 마음의 부담도 없다. 나이가 많은 층은 장기, 젊은 층은 고스톱에 시간가는 줄 모른다. 장기와 고스톱에 취미가 없고 비슷한 연령의 장년층이 없다 보니 조금 무료해졌다.

삼겹살 안주로 소주를 한 병쯤 마시고, 슬리퍼에 반바지 차림으로 해안가를 걷기 시작했다. 얼큰한 소주 기운에 옛날의 기억들이 새로웠다.

집에서 주거물 바닷가까지는 걸어서 15분 정도의 거리다. 초등학교 5학년 때부터 중학교를 마칠 때까지 여름방학이면 주거물에서 속골코지까지 약 1킬로미터 사이에서 살다시피 했다.

바닷가를 거슬러 진입로가 시작되는 수모르까지 왕복 한 시간 가까이를 거닐면서 여러 가지 감회에 젖었다. 그렇게 옛길을 거닐면서 생각에 잠겨보기가 30여 년 만이다. 푸른 바다와 물때를 가늠하기 좋은 주거물의 왕돌은 그제나 이제나 변함이 없지만, 주변은 많이 달라진 것을 본다.

그 주거물 바닷가는 잊을 수 없는 추억이 있다. 중학교의 방학 때 길이 1미터쯤의 대나무로 만든 낚싯대를 가지고 물때가 되는 날이면 주거물에서 살았다. 안전사고가 있던 날도 낚싯대 끝에 20센티쯤의 목줄과 낚시가 달린 채로 마을 밖으로 걸어 내려가고 있었다. 동네 후배와 함께 얼마 후에 진행될 낚시 얘기를 하면서 신이나 있었다.

낚시를 하다 보면 먹지 않는 고기인 '뚱복쟁이'(복어)가 걸릴 때가 많았다. 그 고기가 걸리면 손으로 떼 던질 것도 없이 낚싯대를 이렇게 세게 후리면 저절로 떨어진다면서 실연을 해보였다. 그런데 그 난 옆에서 섣넌 후배의 이마에 낚시의 미늘이 박힌 것이 아닌가. 집에서 백여 미터 내려간 시점이므로 급히 돌아와서는 낚싯대의 목줄을 자르고 동네 의원에게 갔다. 워낙 농담을 좋아하는 분이라 치료하기에 앞서 걸쭉하게 농담부터 던졌다. "허이구, 어떻게 해서 이렇게 큰 고기를(?) 낚았어?" 간단한 치료로 후배의 이마에서 낚시바늘이 빠졌지만, 어린 마음을 아찔하게 했던 안전사고였다.

주거물 바다에서 낚았던 고기 이름들이 새롭게 떠오른다. 방언인 고기 이름의 표준어는 아직도 잘 모른다.

어랭이, 우럭, 조우럭, 보들락, 골생이, 메기, 복쟁이, 페깜쟁이, 술맹이, 맥즐다리, 아홉토막조벨레기…….

그 중에 '아홉토막조벨레기'가 유난히 떠오르는데, 고기 이름 중 '조'자 밑에는 받침으로 'ㅈ'이 첨가돼 있었다. 10센티 정도에 고기 전체에 토막진 것처럼 무늬가 있었고 아름다운 고기였다고 기억된다. 그 고기를 낚은 아이는 목청껏 외치면서 낚싯대를 휘둘렀다. "올라 온다아, 아홉토막조벨레기 올라온다아." 올림픽을 제패한 선수도 태극기를 그렇게 흔들지는 않았을 것이다.

서쪽에서 동쪽으로 법환리바당, 남해, 주거물, 속골, 속골코지, 가린여, 돔배낭굴로 이어진다. 꼬막 등의 해물은 주로 주거물에서, 낚시는 속골코지에서 했는데 언제고 잊지 못할 그리운 곳이다.

남해의 신당은 아직도 여전했다. 며칠 전 푸다시(굿)를 한 듯 창호지를 꼬불꼬불 오려서 만든 푸다시용 소품이 걸려 있었다. 푸다시란 무속어로서 잡귀가 몸에 범접하여 일어난 병을 고치는 굿을 말한다. 어렸을 적에 어른들이 일이 몹시 꼬이거나 해결하기가 어려우면 "이거 원 푸다시라도 해야지…." 하는 소리를 심심치 않게 들었다.

컴퓨터 시대에 무슨 미신 같은 소리냐고 하기보다는 얼마나 답답하고 간절한 사연이 있었으면 이 바닷가까지 와서 푸다시를 하랴 하는 연민의 정이 갔다. 저 범섬을 거쳐 태평양 바다를 바라보며 그 맺혔던 사연들이 풀렸기를 바랐다.

세상에 어려운 일이 많다지만 사람이 한 세상 사는 것만큼 어려운 일이 또 있으랴. 한평생을 팔십으로 치면 약 70만 시간을 사는데,

쉬운 일만으로도 어려운 일만으로도 채울 수 없는 것이 그 시간 아닌가. 생활이 즐겁고 일이 잘 풀릴 때야 어려움이 있을 까닭이 없다. 별다른 비전을 갖지 않고 되는 대로 살아가는 것도 삶의 한 방법이겠지만, 사람은 꿈을 추구하는 고등동물이다. 옛날을 돌이켜 보며 오늘의 어려움을 극복하는 지혜는 또 어떤가.

밀린 일이 많고 해야 할 일이 많음에도 야유회로 쉴 수 있음은 또 얼마나 지혜로운 일인가. 추억의 그 바닷가를 여러 가지 상념을 떠올리면서 산책하고 동네 사람들이 모여있는 터로 돌아오니, 마음이 넉넉하다. 동네 사람 모두가 새삼스레 정답게 보이고, 열심히 살아가는 사람들임을 알게 된다.

멀리 가까이 바다를 바라보노라니 잔잔한 파도만이 지친 마음을 다독여주듯이 얘기한다. 어느 시인의 시 구절처럼 "살아라, 힘껏 살아라. 살지 않는 건 죄악이다."라고.

태풍 '프라피룬'

12호 태풍 '프라피룬'이 새천년 8월 31일, 제주 지역과 한반도를 강타했다. 9월 1일 구독하고 있는 조선일보 1면의 초대형 사진을 보고 깜짝 놀랐다.

슬레이트 지붕이 날아가고 트럭과 승용차가 그대로 뒤집어진 모습이었다. 하루가 지난 다음에 복구의 현장으로 차를 몰았다. 태풍 속에 도사린 초속 58미터의 돌풍이 휩쓸었던 남제주군 남원읍 위미 2리 마을. 민 · 관 · 군이 신속한 복구 대처로 하루 만에 쓰레기가 대충 치워져서 처참한 느낌까지는 들지 않았다. 지붕이 다 날라가 버려서 임시 방편으로 비닐을 씌워 놓은 어느 점포의 지붕을 바라보니, 당시의 처참한 광경이 짐작되었다.

제주도는 태풍이 지나는 길목이어서 일 년에 열다섯 번 정도는 태풍을 접하게 된다. 두세 번 정도가 제주도에 직간접 영향을 미치는 태풍이다. 올해도 벌써 '프라피룬'이 12호 태풍이었지만, 유일하게 피해를 줬다. 묘하게도 '프라피룬' 이전의 태풍은 간접적으로 영향을 미치면서 가뭄에 해갈을 준 효자 태풍이었는데, 이번엔 비는 별로 안 오고 글자 그대로 광풍만 휩쓸고 갔다.

장년의 제주인에게 기억에 남는 것은 40여 년 전(1959년 9월) 내가 일곱 살 때 제주를 휩쓸었던 '사라'호 태풍이다. 일곱 살 때의 일이 기억에 남지 않는 것이 당연한데, 유일하게 남는 기억이다.

그때 우리 집 초가는 그대로 다 날라가 버리고, 미국의 구호물자로 얻은 담요 하나를 20여 년은 사용했던 것 같다. 건물이란 건물은 죄다 박살이 나거나 흠이 가는 태풍이었으니 그때 성년이었던 사람들에게는 죽을 때까지 생생한 기억일 것이다.

서귀포 지역은 지난 1987년에 순간 최대 풍속이 44미터를 기록한 태풍의 영향을 받았다. 초속 33미터를 넘는 태풍은 집까지도 날려버릴 정도로 강력하다고 한다. 이번 '프라피룬' 태풍은 순간 최대 풍속이 초속 58.8미터로 기상관측 사상 최고 기록이다.

태풍이 올라올 때마다 기상 특보가 있지만 속수무책일 때가 많다. 모두가 잠든 밤에 '제 몇 호 태풍이 북상 중이니 시설물이나 농작물 관리에 만전을 기하시기 바랍니다.'는 기상 특보를 한들 무슨 소용이 있겠는가. 감귤 농사를 하고 있는 내 경우도 전혀 대책이 없다. 그저 태풍이 큰 피해 주지 않고 지나가기를 희망할 뿐, 의외로 별다른 대책이 가능하지 않다.

이번에 맹위를 떨친 12호 태풍 '프라피룬'에 의한 각종 시설물 피해액이 무려 56억 원으로 잠정 집계됐다. 육지의 피해는 감안하지 않은 제주도만의 피해다. 또 해안지역을 중심으로 한 염분 피해, 각종 병해충 발생 및 농작물 피해, 양식장의 수산물 피해 등을 포함하면 실제 피해 규모는 엄청나다.

일부 지역의 태풍 속 초고속 돌풍은 평화롭던 마을을 아수라장으로 만들었는데, '사라'호 태풍 이후로 잊혀져가던 태풍에 대한 공포를 다시 일깨웠다.

어떠한 공포의 대상도 시간이 흐르면 많이 잊혀지게 마련이다. 사실 언제부터인가 제주도민들에게 태풍은 대단한 공포의 대상은 아니었다. 으레껏 연례행사처럼 태풍을 대하다 보니 다소 익숙해져 있었던 것인지도 모르겠다.

천만다행으로 '프라피룬'은 사망자를 내지는 않았지만, 10명의 중상자를 포함하여 30여 명의 인명 피해를 냈다. '프라피룬'의 돌풍은 반경이 50~100미터에 불과하면서 골목만을 따라 이동했다. 반경을 벗어난 주택에는 전혀 피해를 입히지 않았으니까, 바로 이웃 간에도 1분 만에 희비가 엇갈린 셈이다. 주택 파손만도 100여 채이니 당시 상황에 있지 않았던 사람으로서는 실감이 나지 않는다.

길어야 1분 정도에 불과한 살인적 돌풍을 목격한 66세의 모씨는 "사상 최악의 피해를 준 '사라'호 태풍 때도 이런 일은 없었다."며 경악했다.

이제까지 기억되는 태풍 이름은 두 글자가 보통이었고, 세 글자를 넘는 경우는 이번이 처음이다. '프라피룬'인지 '푸란피르'인지, 제주도 사투리인 '피룽피룽'인지 세월이 조금만 가면 또 악몽처럼 잊혀질 이름이다.

악몽을 딛고 새 희망을 바라볼 수 있는 것이 사람 사는 일이라 생각한다.

어제도 군청 직원과 소방서, 경찰, 군장병, 이웃주민 등 500여 명이 피해 복구에 구슬땀을 흘리며 아픔을 나눠 가졌다고 한다.

제주도 사투리에 '피룽피룽 쳐다본다.'는 말이 있다. 남의 일에 관심없이 멀뚱히 쳐다보는 것을 이르는 말이다. 오늘의 재난을 남의 일로 여기고, '피룽피룽' 쳐다보는 사람들만 있어서는 세상 사는 맛이 안 날 것이다.

하루가 지난 복구의 현장이 그렇게 빨리 정리되어가는 것을 보는 느낌도 새로웠다. 500여 명이 합심해서 복구 작업에 나서니 어제의 상처가 곧 아물 것 같은 희망이 보였다.

마을의 노인회관 마당에서는 부녀자들 20여 명이 모여 점심 준비를 하고 있었다. 초상집에서도 부녀자들이 여럿 모이면 웃어가면서 일을 하게 마련이지만, 누가 무슨 말을 하는지 웃으면서 일을 한다.

웃음은 희망이다.

희망이 없는 사람에게는 웃음이 나오지 않는다. 추석이 일주일 남짓 남았다. 빨리 피해복구가 되고, 그 부녀자들의 웃음이 일상생활로 이어지기를 바라는 마음으로 차를 돌렸다.

황홀 개업

어느 사람은 사는 것은 이루어가는 것이라고 했다. 이루어가는 것이라 했으니 마지막의 순간까지 끝이 없는 것인지도 모른다.

다니는 교회의 아무개 장로가 개업을 하니까, 개업 예배에 동행하자는 연락을 받았다. 아들이 둘뿐인 줄 알고 있었고 두 번 개업 예배를 드린 것이 기억나기 때문에 무슨 일인고 했다.

가서 보면 알 테니까 하는 심정으로 교인들과 동행했다. 장로가 직접 경영하는 것은 아닐 테고, 사람을 전부 고용해서 뒤에서 감독이나 하는 것이겠지 생각했다. 장로는 68세이니까 모든 일에서 정년퇴직을 할 나이라는 걸 감안해서다.

그런데 아니었다. 상호부터 '원조 O가네칼국수집'이었다. 장로가 카운터 담당, 부인은 주방장이었고 음식을 나르는 사람 등 식당 보조원 두세 명을 채용한 것 같았다.

장로는 교육직 공무원에서 정년퇴직한 사람이다. 고향도 강원도 춘천이다. 어떻게 제주로 내려오게 됐는지에 대해선 물어본 일이 없지만, 이제 쉴 나이에 오히려 일을 시작하는 것에 대해서 느끼는 바가 많다. 68세라는 나이에 일을 시작하니 각오도 대단했던 듯, 영업장 선택에서부터 신경을 쓴 흔적이 역력했다.

제주시의 신제주(연동)는 영업장 선택이 만만한 곳이 아니다. 영업에 자신과 노하우가 없으면 먹는 장사가 쉽게 성공할 수 있는 곳도 아니다. 그럼에도 식당 규모에 맞게 전용 주차장까지 마련해 놓은 것을 보면 원조답다는 생각을 했다.

서귀포가 주거지인 장로로서는 영업 장소를 선택하는 데도 많은 고심을 했을 것이다. 노령인 것을 감안하면 왕복 두 시간 남짓 걸리는 거리를 출퇴근하는 것도 쉬운 일은 아니다. 또한 두 아들이 서귀포와 제주시에서 영업을 하고 있는 형편으로, 그쪽에 영향을 미치는 장소에 개업하기도 곤란한 일이었을 것이다.

장로가 새로 개업한 장소는 여러 조건들을 고려해 볼 때 적격인 곳이었다.

3년쯤 전이었던가. 서귀포에서 큰아들이 'O가네 칼국수'를 개업했다. '전국 최고의 맛'이란 플래카드를 내걸고서다. 물론 큰아들도 음식점업엔 처음이었다. 장로와 부인이 아들네가 어느 정도 자리를 잡을 때까지 경영 지도와 전국 최고의 맛을 내는 비법을 전해 주었다.

이제 서귀포시의 요지에 자리를 잡은 'O가네 칼국수'는 직접 가서 먹어본 사람도 많지만 웬만한 사람은 다 아는 식당이 되었다.

첫째가 성공하자 이번엔 둘째아들 차례였다. 제주시의 이도2동 중심가에 'O가네 칼국수' 2호점을 낸 것이다. 상권이란 묘한 것이어서 동일 지역에서 오래 살아온 사람도 정확히 파악하기 힘든 것이다. 음식 맛이 좋다고 아무 데서나 장사를 한다고 되는 것도 아니다.

무슨 일이든 경력이 붙고 노하우가 쌓이면 시작 때보다 적은 노력으로 일을 해나갈 수 있음을 본다. 서귀포에서 제주시를 오가면서 걱정한 둘째아들도 일 년 남짓 만에 사업이 제궤도에 올랐다. 운이 좋아서도 아니고 참으로 대단한 일이다.

둘째아들네도 잘된다는 얘기가 들리더니 이번엔 진짜 원조가 나서는 황혼 개업을 한 것이다. 황혼 이혼이라는 말을 들어본 사람은 많아도 '황혼 개업'이란 말을 들어본 사람은 적을 것이다. 말 자체가 생소하기도 하려니와 고희가 가까워지는 나이에 개업을 하는 사람도 드물 것이기 때문이다.

세태의 변화는 무서운 것이라서 언제부턴가 '황혼 이혼'이라는 말이 쓰이기 시작하더니, 이제는 그 말을 모르는 사람은 세상 돌아가는 일에 어두운 사람이 돼 버렸다. 진짜 황혼 이혼을 당할 사람이다.

작년도에 60대 이상의 황혼 이혼 비율은 0.6%, 1명 모자란 4백명이란 숫자이니 세태에 어두운 사람에게는 깜짝 놀랄 일이다. 4만여 건의 이혼소송으로 인한 것 중에 말함이니, 협의이혼까지 합친다면 몇 배는 불어날 것이다. 얼마 전 신문에도 70대인 기업 회장 부부의 무려 일천억 원 이혼소송이 화제가 됐지 않은가.

황혼 개업을 한 장로네는 어떤가. 그 부인이 주방장을 즐거운 마음으로 웃으면서 하고 있으니 황혼 이혼은 어느 나라 얘긴가 할

법하다.

개업하는 날 찾은 느낌으론 장로가 '원조 O가네 칼국수'라 할 만했다.

우리가 시켜 먹은 것은 더운 여름이라 주로 '냉콩칼국수'였다. 칼국수 외에 몇 가지 메뉴가 있는데 전병(부꾸미)을 더 내놓고 맛이 어떤지 일일이 물어보는 것이었다. 진지한 장로의 자세에 거짓 대답할 수도 없었다. 맛은 있지만 강원도식 전병이 제주 사람 입맛과 정서에는 좀 맞지 않는 점이 있다고 솔직히 대답했더니 수긍하는 눈치였다.

사람의 입맛이란 제각각이지만 같은 음식을 놓고서는 공통분모화할 수 있는 맛이 있을 것 같다. 그 맛을 찾는다는 것은 막연한 생각이나 시도로는 어림도 없는 일 아닌가.

일을 쉴 나이에 일을 시작하는 것도 어렵지만, 시작한 일에 최선을 다하는 것도 쉽지 않다. 그래서 한 세상 사는 일이 쉽지 않다고 했던가.

내부분은 자녀를 독립시켜 일의 터진을 집게 한 다음은 쉬는 일일 것이다. 장로의 경우도 자녀들이 생업을 잘 꾸려가고 있으니 심심하면 한 번씩 살펴보기나 하면서 여생을 꾸려가도 성공한 인생일 것이다.

그러나 "가능할 때까지 일하고 싶다."는 것이 그의 바람이었다.

사람은 일하려고 태어났다는 전제는 맞지 않지만 무슨 일이든 최선을 다하는 모습에서 우리는 아름다움을 느낀다. "내일 세상의 종말이 온다 할지라도 나는 오늘 한 그루의 사과나무를 심겠다."고

한 어느 철학자의 말을 빌지 않더라도 성실한 모습으로 일에 임하는 모습은 아름답다.

세상이 어렵다, 험하다 하는 생각도 진정 일을 아끼고 그 일에 최선을 다하는 사람에겐 사치스런 생각일 것이다. 일에 정신을 쏟기도 바쁜데 딴생각할 겨를이 없을 터이니까.

'원조 O가네 칼국수'가 개업한 지 3개월이 가까워온다. 일이 가능할 때까지 일하고 싶다는 소망처럼 밀려드는 손님 처리에 바쁜 칼국수집이 되길 바라는 마음이다.

산방산을 오르면서

산방산은 제주도 서남부(안덕면 사계리)의 평야지대에 우뚝 서 있는 높이 396미터의 오름이다. 오름은 기생화산을 일컫는 제주 방언으로서 개개의 분화구를 갖고 있는 소화산체를 의미한다. 제주에는 이런 오름이 368개나 곳곳에 산재해 있다.

모슬포와 화순리를 잇는 일주도로가 산방산의 앞뒤로 나있고, 남사면 중턱의 산방굴사까지 관광객이 올라갈 수 있도록 계단으로 잘 정비되어 있다.

산방산 뒤편으로 정상에 오르는 길이 있지만, 쉽게 오를 수 있는 코스는 아니다.

어느 날 가까운 친구의 전화가 있었다.

"오후에 산방산에나 가자. 두 시 이후에 다시 전화하지."

세 시쯤 친구의 전화가 있었고, 친구의 집에 들렀더니 배낭을 챙기고 있는 것이 아닌가. 산방산 앞의 용머리 해안을 산책한 후 저녁이나 먹고 오자는 것으로 착각한 상태라, 자꾸 의아해졌다. 간단한 산책에 무슨 배낭이 필요할까. 하지만 완벽하고 꼼꼼하게 챙기는 친구의 성격상 그럴 테지 하고 넘겼다.

친구가 차를 몰고 가는데 산방산 뒤편으로 가는 게 아닌가. 뭐가 잘못됐구나 하고 생각했을 땐 이미 돌이킬 수 없었다. 친구는 산방산에 가자고 했을 때 이미 산에 오를 것을 작정하고 있었고, 나는 산책으로 생각하고 있었으니 아무 준비도 없었다. 오후 늦은 시간이라 등산은 생각조차 않고 있었다.

대화의 한계였다. 친구가 등산 채비를 갖추고 왔으니 등산을 하기로 하였다. 나도 편의복 차림이었고 신발도 구두가 아닌 편의화여서 큰 무리는 없을 것 같았다.

산방산 등산이 처음은 아니었다. 20년쯤 전에 한 번 오르고 기회가 전혀 없었던 터라, 다시 한 번 올라야 되겠다는 생각은 늘 갖고 있었다. 그러나 아무런 사전 준비없이 등산을 한다는 데는 좀 부담이 갔다.

날씨마저 흐려서 숲으로 난 길은 어두웠으나 정상에 오르고 싶은 생각은 꺾이지 않았다. 다른 오름들도 마찬가지지만 공개적으로 등산을 허용하고 있는 입장이 아니어서 등산로가 정비되어 있지 않다. 한두 사람이 겨우 지나갈 수 있는 좁은 길뿐이어서 굴러떨어지는 돌부스러기 등 안전사고에 특별히 주의해야 했다. 비가 내리거나 하면 등산을 포기하는 것이 현명한 일이었다.

등산을 해본 사람들은 이정표라든지 해발 몇 미터라는 표지판이 얼마나 반가운지 모른다. 힘에 부쳐 힘들게 걷다가도 정상이 멀지 않았음을 나타내는 표지판을 보면 새 힘을 얻곤 한다.

산세의 높이로 봐서 정상이 멀지 않은 것 같은데 아무런 표지가 없으니 종잡을 길이 없다. 혼자가 아니니까 별 걱정은 안해도 되는 것이 그나마 다행이었다.

비가 올 듯 어두운 날씨여서 정상에 가까워질수록 마음도 조급해졌다. 아주 좁은 바위 너설을 붙잡고 올라가면서 조금 위험을 느꼈다.

힘도 부치고 더 이상 올라가기가 만만치 않은데 하면서 마지막 힘을 모으니, 드디어 정상이다. 등산 시간은 불과 50분이었지만, 몇 시간이나 걸린 듯싶었다.

산 정상에는 후박나무, 구실잣밤나무, 생달나무, 참식나무 등 상록수림이 울창했다.

정상에서 조금 내려와 널따란 바위에 앉으니 보이는 정경의 아름다움에 감탄을 금하지 못했다. 이 정경을 보려고 길도 없는 길을 땀 흘리며 올라왔구나, 올라오기를 잘했구나 하는 생각이 들었다. 멀리 뚜렷하게 보이는 마라도, 가파도, 송악산, 형제도, 사계리의 논밭으로 보이는 평원, 동쪽 끝으로는 범섬이 바다 위에 평온하게 정착해 있는 것 같다. 그 넓은 평원은 비행기가 착륙을 시도할 때 창밖으로 보이는 풍경과 꼭 닮았다.

바위에 앉아 쉬는 동안 주위의 아름다움에 넋을 잃으면서, 산방산에 얽힌 전설을 잠시 생각해봤다.

옛날 오백 장군이 있었는데 이들은 제주섬을 창조한 '설문대할망'

의 아들들로 주로 한라산에서 사냥을 하면서 살아나갔다. 하루는 오백 장군의 맏형이 사냥이 제대로 되지 않아 화가 난 나머지 허공에다 대고 활시위를 당겨 분을 풀었다. 그런데 그 화살이 하늘을 꿰뚫고 날아가 옥황상제의 옆구리를 건드리고 말았다. 크게 노한 옥황상제가 홧김에 한라산 정상의 바위 봉우리를 뽑아 던져버렸는데, 뽑힌 자리에 생긴 것이 백록담이고 뽑아 던진 바위 봉우리가 날아가 사계리 마을 뒤편에 떨어졌는데 이게 바로 산방산이라 한다. 백록담과 산방산은 그 생성과정이나 시기가 전혀 다르지만 한라산 정상의 분화구와 둘레가 같고, 산방산이나 백록담 외벽의 바위 성질이 같으니 의미심장한 전설임에 고개를 끄덕이게 한다.

20년 만에 산방산을 오르면서 많은 생각을 하게 됐다. 친구와 전화 통화를 하면서 엉뚱한 인식의 차이를 가져왔던 것도 잊을 수 없는 기억으로 남을 것 같다.

3년 전 남원읍에 있는 '물영아리 오름'을 올랐던 것을 포함하여 오름 등산은 두 번째가 되는 셈인데, 다시 또 기회가 올지 모르겠다.

민족의 명산인 한라산이 그 위용을 자랑하듯 섬의 한가운데 우뚝 솟아 있고, 그 기슭에는 368개의 오름이 산재해 있어 경이로운 경관을 보여주고 있다. 백록담을 중심으로 한 국립공원 내에는 46개의 오름이 있다 한다. 그 오름들은 여건상 오를 수 없는 곳이지만, 나머지 3백여 개의 오름 중 몇 개나 오를 기회가 있을까 생각해 본다.

제주도 내의 오름 중에는 한라산 정상의 백록담과 같이 정상에 화구호를 갖고 있는 오름이 아홉 개로 확인되고 있다. 제주시의 물장오리, 어승생, 원당봉, 한림읍의 금오름, 세미소, 조천읍의 물찻,

남원읍의 사라오름, 물영아리, 동수악이다. 이름도 아름다운 정감이 가는 오름들이다.

기회가 닿으면 산정에 호수가 있는 오름들엔 등산을 해보고 싶은 마음이 간절하다.

사람이 살아가면서 해보고 싶은 일은 얼마나 많은가. 그렇지만 많은 오름들이 자연에 순응하는 듯 부드러운 모습으로 거기에 있듯이 그렇게 살아야 할 것 같다.

몇 달 후로 다가온 지천명의 나이가 오름처럼 살라고 한다.

백록담의 만수위

제주도에 살면서 늘 아쉬워하는 부분이 있다. 요즘처럼 남북국방장관 회담이니 남북교차방문이 얘기되면서 제주가 평화의 섬으로 자리매김해갈 때, 백록담에 물이 부족한 것이다.

백록담이 백두산 천지처럼 만수위가 될 수 없을까 하는 아쉬움은 혼자만이 아닐 것이다. 백록담 정상에 서본 것이 대여섯 번은 되지만, 한 번도 물이 제대로 차있는 것을 못 봤다. 사진으로나 봤던 백록담의 모습을 상상하며 도달했건만 늘 실망했던 것이다. 백두산 천지처럼은 못 되더라도 그 반쯤의 신비경에 대한 기대도 없으면 무엇 하러 한라산 정상을 오르려고 하겠는가.

며칠 전 지방신문을 읽다가 심봉사가 눈 뜨듯이 눈이 번쩍 뜨였다. 컬러로 된 백록담 만수위 사진이다. 태풍 '사오마이'가 동반한 비로 만수위가 됐다는 사진 설명도 있었다.

며칠 뒤에 성판악 코스로 등반한 지 2주 만에 다시 오르기로 결정했다. 백록담 만수위 보도를 읽고도 무덤덤했다면 등산이 취미라는 제주인은 못 될 것이다.

혼자 등반길에 오르면서 설레기까지 했다. 간단히 배낭을 챙기고 집을 나섰다. 한라산 등반의 네 개 코스 중 영실과 어리목 코스는 정상 등반이 제한되고 있으므로 당연히 제외했다. 성판악 코스도 2주 전에 오른 경험이 있으므로 제외했다.

남은 관음사 코스는 처음인지 두 번째인지 잘 기억이 나지 않는다. 등하산 시간이 통상 아홉 시간 반이 소요된다니 좀 겁이 나기도 했다. 하지만 이왕 등산을 좋아했으니 고생도 해보는 것이다.

"등산 해보셨습니까?" 국립공원관리사무소의 공무원이 묻는다. 50쯤으로 보이는 나이에 일행도 없이 혼자이니 그랬을 것이다. "예." 대답은 하면서도 듣던 대로 난코스구나 짐작을 했다. 어쨌든 '백록담 만수위'를 향하여 출발을 외쳤다.

혼자 등반을 하는 것은 우선 심심하고 안전사고에 대비하지 못한다는 단점도 있지만, 좋은 점도 많다. 글을 쓰는 입장에선 오랜만에 세상사에서 떠나 자유로운 생각을 하면서 올라갈 수 있으니 좋다. 다른 사람에게 방해받지 않고 좌우를 여유있게 구경하면서 내 페이스대로 살 수 있으니 좋다. 동행이 있을 경우는 상대방의 페이스에 말려들어 내내 피로가 가중되었던 경험이 있다.

출발점에서 1.5km, 40분 정도를 걸으니 '구린 굴'이 나온다. '구리다.'는 제주어로 속이 들떠서 비다는 뜻을 갖고 있다. 대략 직경이 3미터 정도 되게 땅속으로 푹 꺼진 구린 굴이 두어 개 있다. 가까이 갈 수 없게 안전 철책이 시설돼 있지만 그냥 빨려들어갈 것처럼 굴 속의 어둠이 압도한다.

다시 걸어 올라가니 '숯가마터'가 나온다. 출발점인 관음사에서 2.5km, 780고지다. 안내문이 있어서 천천히 읽어 봤다.

1940년경 한라산에 산재한 갈참나무, 굴참나무, 물참나무, 졸참나무 등의 참나무류를 이용하여 참숯을 구워낸 장소라고 한다. 천정은 찰흙으로 바르고 벽은 20~30cm의 돌을 이용해서 돔 형태의 독특한 가마터였다. 숯의 수량은 원재료의 15~20%가 되는데, 급격히 고온으로 가열해야 좋은 숯을 얻는다고 한다. 그런데 재밌는 것은 숯의 용도가 의외로 다양하다는 것이다. 기껏해야 숯불갈비에 사용하는 숯을 연상하기 마련이지만, 정작 나무숯을 사용하는 갈비집은 없다고 한다. 숯의 용도는 공업용, 탈색 탈취용, 활성탄, 흑색화약원료와 재료로 쓰인다고 하니 새삼스럽게 공부를 하는 느낌이다. 선인들의 생활상을 엿볼 수 있게 하는 대목이다.

관음사에서 출발해서 한 시간 반 정도를 걸으니 벌써 숨이 차다. 그렇지만 곧 나타나는 탐라계곡의 아름다움에 매료되지 않을 수 없었다. 주변에 특별한 볼거리가 없이 밋밋하게 정상까지 가는 길이었으면 대부분 중도 포기할 것이라는 생각을 해봤다.

탐라계곡을 지나서 한 시간을 걸으니 '개미목'이 나온다. 글자 그대로 개미 허리만큼 가느다란 좁은 길이다. 한 사람씩만 통행이 가능하다. 힘이 쭉쭉 빠지기 시작했지만, 올라가기만 하면 내려올 때는 문제가 없다는 것을 경험으로 알고 있었다.

개미목을 올라서자 웅장한 '삼각봉'이 맞이한다. 바위 벼랑이 삼각추 모양으로 돼 있는 186m 높이의 봉우리다. 개미목을 지나면서 짜증스럽게 걸어온 것을 보상이라도 해주는 것같이 아름다운 경치다.

삼각봉에서 '용진각 대피소'까지 약 1km 구간은 내려오는 길이다. 정상으로 올라가는 중인데 내려오는 길이라니 초행자는 이상하게 생각될 만하다.

용진각대피소 맞은편에는 병풍처럼 둘러친 바위 아래로 1km정도 구상나무 숲과 잔디처럼 보이는 제주조릿대 숲의 아름다움이 펼쳐진다. 거대한 한 폭의 그림처럼 펼쳐진 자연의 모습에 숙연해진다.

등반을 잘 결정했구나 하는 생각이 들었다. 이제 1,700고지, 정상도 눈앞이구나 생각하면서도 그 구상나무 숲의 아름다움에 발걸음이 떼지질 않았다. 돌아보고 또 돌아보고 다시 돌아보고를 몇 차례는 한 것 같다.

용진각에서 정상까지는 1.9km, 한 시간 반 이상이 걸리는 거리다. 길이 워낙 험난해서 등산이 아니고 등반이라고 하는 이유를 알 만했다.

험난한 산길의 1km는 엄청난 거리임을 새삼 알게 했다. 몇 시간을 걸었으니 힘은 다 빠지고, 50m를 가서 한숨 놀리고 100m를 가서 잠시 쉬고를 반복해야 했다. 대화 상대도 없으니 정말 외로운 싸움이었다. 애초에 백록담의 만수위를 본다는 확실한 목표가 없었으면 돌아가고 싶을 지경이었다. 그래도 고지가 바로 저긴데 예서 포기하랴 자꾸 자신을 추슬러야 했다.

정상으로 갈수록 편한 길도 아주 조금씩 만들어 놨지만, 돌길의 고난을 피할 수 없다. 정상까지 가는 길 10여 분을 남겨 놓고 조그만 나무 그늘에서 점심을 먹었다. 험난한 등반이었지만 하산 시간을 감안할 때 시간이 모자라지 않는 것을 다행으로 여겼다.

어려운 자신과의 싸움을 한 지 네 시간 반 만에 드디어 정상. 성판악 코스로 올라간 학생 단체 등 사람들이 붐비고 있었다.

그러나, 그러나였다. 그렇게도 그렸던 백록담 만수위는 구경할 수 없었다.

물이 동쪽 끝 한편에 평소보다 조금 많이 고여 있었지만, 벌써 며칠 사이에 물 빠진 자국이 확연히 드러나 있었다. 비올 때 흘러들어간 것으로 보이는 돌들도 여기저기 삐죽삐죽 보였다. 고인물마저 아주 얕음을 눈으로 볼 수 있었다. 백록담 만수위의 신비경을 구경하려고 나선 등반길의 목적은 허무하게 무너졌다. 2주 전에 올랐던 정상을 어렵게 다시 오른 보람이 없는 것 같아 아쉬운 마음을 금할 수 없었다.

백록담의 만수위 대신에 여기저기서 자연의 아름다움과 위대함을 만끽했으니까, 산이 거기에 있으니 오른다는 말은 맞는 말이다.

그리운 성산포

살다 보면 무거운 마음을 헤어나지 못할 때가 있다. 오늘도 그랬다.

과수원의 진입로 사용 문제로 인접 과수원 주와 다투고 보니 마음이 무겁다.

쉽게 해결의 기미를 보이지 않는 평행선을 달리고 보니 답답해진 마음을 풀 길이 없다.

차를 몰아 성산일출봉을 향하여 달린다. 정말 오랜만이다. 21년 만이다.

제주도에 살면 접근하기 쉬운 도내 관광지에는 마음만 먹으면 언제든지 쉽게 갈 수 있을 것 같지만 사실은 그렇지 않다. 오히려 육지의 관광객보다 더 못하지 않나 생각이 들 때가 있다.

한편으로 이렇게 생각해 본다. 천년의 고도 경주시민들도 오래된

왕릉이나 주변의 이름난 사찰, 박물관 등을 찾는 일은 평생에 몇 번에 지나지 않을 것이라고. 학교 문앞에 사는 학생이 지각은 밥먹듯이 하는 것과도 일맥상통하는 점이 있을까.

제주도에 살면서 시간 있을 때마다 도내의 관광지를 돌아다니는 것이 취미였는데, 몇 년 전부터 엄청나게 뛰어버린 유가 때문에 그 취미도 살릴 수 없음이 안타깝다.

그리움이란 뭘까. 제주도의 그 많은 관광지에 대한 그리움을 늘 안고 산다. 살아가는 것이 이런 것일까. 서귀포에는 천지연폭포, 정방폭포가 있다. 천지연폭포는 그런 대로 몇 번 방문 기회가 있었지만 정방폭포는 가본 지가 10년이 넘는 것 같다.

가보지 못한 관광지일수록 시간이 나면 한 번 가봐야지 하면서도 막상 시간이 있어도 못 간다. 묘한 일이다.

우울한 마음을 달래려고 나선 드라이브길이지만, 성산일출봉에 대한 몇 가지 추억이 있어서 그곳에 가보고 싶은 마음이 다른 곳보다 강렬했다.

성산일출봉은 제주의 동쪽 끝에 있다. 남제주군 성산읍 성산리 바닷가에 우뚝 솟아 있는 수중화산체이다.

여러 가지 생각을 하면서 서귀포에서 차를 몰기 시작한 지 50여 분 만에 성산포에 도착했다.

평생 섬으로 떠돌며 머물며 시를 쓴다는 이생진 시인은 지금 어느 섬에 가 있을까. ≪그리운 바다 성산포≫라는 시집에서 〈술에 취한 바다〉를 썼다.

성산포에서는
남자가 여자보다
여자가 남자보다
바다에 가깝다
나는 내 말만 하고
바다는 제 말만 하며
술은 내가 마시는데
취하긴 바다가 취하고
성산포에서는
바다가 술에
더 약하다.

21년 전 5월, 성산일출봉 해변에서 마셨던 소주 맛을 아직도 기억한다.

대학 3년 때 중산간부락 주민들의 의식구조 조사를 위해 2박 3일간의 사회조사가 있었다. 과우 3명과 인솔 교수 한 사람. 일행 다섯이 성산일출봉 인근 마을인 성산읍 수산리로 갔다.

하루의 일과가 끝나면 일행과 같이 성산일출봉의 해변가로 가서 소주를 마셨다. 싱싱한 오분자기, 해삼, 성게를 안주로 마신 소주맛은 아마 잊히지 않을 것이다. 3년 묵은 체증이 내려간다는 소리들을 연발했으니 더 설명이 필요치 않으리라.

마지막 날 귀갓길에 오르면서 인솔교수가 한 잔 사겠다고 해서 다시 일출봉 해변으로 갔다. 행상으로 소주를 파는 아주머니의 술잔이 모자랐다. 궁하면 통한다고 해변에 버려진 소라껍질을 잘 씻어서 술잔으로 대용했다. 술잔이 없어서 소라껍질로 마신 술, 그렇게 낭만적이고 좋을 수가 없었다.

모든 것은 의식적이냐 아니냐에 따라서 그 의미나 느낌은 엄청나게 달라지는 것이리라. 오늘 다시 소라껍질로 술을 마셔본들 단순한 옛날의 회상을 더듬어본다는 의미 이상의 아무것도 아닐 것이다. 흐르는 세월 속에 변하지 않는 것은 아무것도 없고, 감흥의 상황도 변하게 마련이니까.

변하는 것 때문에 그리움은 남아 있는 것인지도 모른다.

18년 전 결혼을 하던 날 며칠에 걸쳐 눈이 많이도 쏟아졌었다. 제주에는 겨울에도 눈쌓인 날이 많지 않은데, 그때는 항공편도 두절되고 꼼짝할 수가 없었다. 평생 한 번뿐인 신혼여행을 못했다고 할 아내도 달랠 겸 도일주 여행을 하기로 했다.

결혼식 날 저녁에 어렵게 택시를 구해서 성산포까지 가는 데 성공했다. 그때는 호텔이 없었으니 '현대여관'이란 허름한 여관에서 첫밤을 보냈다. 성산포에 가는 길에 그 여관이 있으면 찾아보려고 했지만 전화번호부에 이름이 없다. 18년 세월이 흘렀으니 특별히 기억력이 좋은 편도 못 되는 입장이고 보면 어디쯤인지 감도 잡을 수 없다.

그렇지만 소주의 기억도 그렇고 신혼 첫밤을 보낸 성산포라는 점이 그리움의 실체일 것이다.

오늘 20여 년 만에 다시 일출봉을 오르면서 소주를 마셨던 그 해변으로 가봤다. 내려가는 계단 계단마다 앉아있는 해산물 행상들도 마음에 들지 않고 횟집 시설물도 눈에 거슬린다. 어떻든 옛 정취를 찾을 수 없음이 아쉬웠다.

20여 분 가파른 계단을 걸어 올라가니 일출봉 정상이다. 오른편으로 성산항에서 배편으로 15분 거리인 우도가 선명하게 보인다.

사방으로 펼쳐진 파란 바다가 삶에 지쳐 멍든 마음을 달래주기라도 하는 듯 조용히 출렁이고 있었다.

J구멍가게에 대한 단상

몇 달 전에 서귀포의 최번화가인 동명백화점 인근에 J구멍가게가 문을 열었다. 그냥 구멍가게가 아니라 상호까지 구멍가게다. 구멍가게 앞의 두 글자는 J로 시작되면서 조그맣게 써붙였다. 유리문에 슈퍼라고 써있는 것을 오늘 가 보고서야 알았다.

J구멍가게에 대한 관심은 두어 달 전부터였다.

어머니의 침술치료에 늘 동행하면서 접수에서부터 완료까지 한 시간 남짓이 남게 된다. 그 시간을 멀지 않은 곳에서 아동복을 파는 처남의 가게에서 주로 보낸다.

커피 한 잔을 마시면서 일상의 대화를 나누는 것도 즐거움이다.

그 구멍가게는 길 건너 맞은편에 있었다. 예전엔 재고품이어서 조금 할인된 종합화장품 가게였던 것으로 알고 있다. 장사가 안 돼서 문을 닫는가 싶더니 어느 날 구멍가게로 바뀐 것이다.

그냥 무슨 슈퍼 정도로 간판을 달았으면 관심이 없었을 것이다. 상호 자체가 '구멍가게'라고 해서 간판을 내건 집은 유일무이하지 않을까.

무얼 파는 가게인지 알 수 없겠다 싶을 경우도, 슈퍼라면 간판 한 구석에 음료 잡화라든가 그런 글씨를 써넣게 마련 아닌가.

그런데 그 구멍가게 간판은 아무런 표시가 없고 전화번호만 밑에 적어 놓은 것 아닌가. 무슨 구멍가게에다 특별 주문이라도 할 일이 있어서 전화번호까지 필요할까.

처남에게 뭘 파는 가게냐고 물어봐도 구멍가게니까 잡동사니 다 팔겠지 할 뿐, 자기도 그 가게에 들러본 일이 없단다.

전화번호만 적혀 있는 것으로 봐서 진짜 구멍가게가 아닐까 하는 우스갯소리로 호기심을 끝냈다. 그러고 보니 구멍가게 위의 작은 글씨는 나중에야 써넣은 것 같았다.

그 가게는 오전 열 시가 가깝도록 문을 여는 것을 보지 못했으니 처남이 하는 가게에 살 때바나 궁금했다. 얼마 전에는 그 옆을 지나면서 봤지만 물건들이 있는 것 같기도 하고 잘 안보여서 볼 수 없었다. 또한 가게 앞에는 "대구 황금 잉어빵 제주도 상륙, 실용신안특허 제22 xxx호, KBS에서 방송" 등의 내용이 적힌 조그만 현수막이 걸려 있다.

잉어빵을 본 일이 없으니 흔한 붕어빵이나 그게 그거일 텐데, 실용신안특허라니 거 참, 특허도 별것이 다 있구나.

오늘은 오전 열한 시에 시내에 나갈 일이 있는데, 음료수라도 하나 사 먹으면서 들려 봐야지 작정을 했다.

구멍가게는 열려 있었다. 그런데 두 번이나 예상외였다. 나이 든 할머니가 소일거리 삼아 하고 있으리라는 것과 황금잉어빵은 소유가 다르리라고 생각했는데…. 40대 초반으로 보이는 여자가 황금잉어빵을 주업으로 하고, 6평 남짓의 가게는 구색을 맞추기 위해 하는 것이란다. 가게 안은 다른 슈퍼에서 볼 수 있는 물품들과 국산 양주까지 있었다. 가게가 매우 깔끔한 것도 인상적이었다.

장사가 괜찮으냐는 물음에 40대의 주인 여자는 그저 그렇다고 대답했지만, 재미가 꽤 쏠쏠한 것 같았다. 상권의 요지에 자리잡은 점포여서 작더라도 임대료가 만만치 않을 것으로 알고 있다.

밤늦게 잉어빵 장사를 하기 때문에 가게 문을 여는 시간은 늦다고 했다.

대형 마트들이 문을 여는 통에 동네 슈퍼들은 줄줄이 문을 닫는 세상에 '구멍가게'라는 간판을 당당히 걸고 장사를 하는 아주머니가 돋보였다. 좁은 출입문을 통해서 가게 안으로 들어서기 전엔 밖에서 상품이 안보이는 것이 아쉬웠다.

사라져가는 것들의 아쉬움 속에 상권의 요지에서 구멍가게 간판을 볼 수 있음은 아련한 향수를 불러일으켰다.

대학 시절 자취방 옆의 구멍가게 노부부는 나를 얼마나 반겼던가. 몇 푼 안 되는 것을 사주는 것뿐인데도 진정 고마움을 표시하곤 했던 그때의 인정이 그리워진다.

이제는 무슨 무슨 마트에 가서 혼자 필요한 것을 고르고 계산대에 가서 계산을 하면 그뿐, 어디에서고 고맙다는 말을 들을 기회가 거의 없다. 그래서 구멍가게 간판에 관심이 갔는지도 모른다.

오늘 신문을 보니 올해 말까지 10만 명의 실업자가 추가로 발생해서 90만 명, 실업률 4.1%에 이를 것으로 예상하고 있다.

소규모 자영업자들이 휘청거린다는 소식이다. 동네 슈퍼는 할인매장에, 문구점은 대형 서점에, 비디오 가게는 체인점에 시장을 빼앗기면서 하나 둘 가게 문을 닫고 있단다.

실직자들은 재기의 꿈을 안고 자영업에 뛰어들지만, 대부분은 1년 안에 가게문을 닫기 쉬운 것이 현실이다. 옛날에는 소규모의 자본만 있어도 구멍가게라도 해서 먹고 살았지만, 이젠 그것은 진짜 옛날 얘기다. 소자본 실직자들은 뭐를 해서 먹고 살아야 하나를 심각하게 고민해야할 때가 온 것이다.

세상이 어려워질수록 'J구멍가게'에 내심 성원을 보낸다. 거리를 지나갈 때 늘 그 간판이 거기에 붙어 있기를 희망한다. 사라져가는 것들의 마지막 보루라고 생각하고 있기 때문이다.

보조의 아름다움

조그만 정원에 꽃과 나무들을 가꾸면서 때로는 새로운 변화에 신선함을 느끼곤 한다. 처음부터 변화를 알아채는 것이 아니라 며칠이 흐른 뒤에야 여태껏 몰랐구나 하는 감탄을 하게 된다.

지난 가을의 일이다. 땅속에서 꽃대만 쑤욱 올라 오더니만 꽃술을 포함하여 직경 15cm가량의 빨간 꽃이 피는 게 아닌가. 잎사귀는 하나도 나오지 않았는데 말이다. 보름쯤 꽃이 유지된 다음에 여린 잎사귀가 나오는 것이 신기했다. 대부분의 꽃은 잎사귀가 무성한 다음에야 꽃이 피는 것으로 알고 있다.

꽃에 조예가 깊은 큰 동생에게 물어봤더니 리코리스꽃이라 한다. 봄에 난초잎 모양의 과번무한 잎사귀를 모두 잘라내면 알뿌리 상태로 있다가 가을이면 꽃부터 피는 것이다. 그동안은 알뿌리가 죽었는지 살았는지도 모르고 지낸다.

소한을 갓넘긴 겨울의 중반인 지금 정원에는 꽃이 없다. 사철장미꽃 몇 송이가 후줄그레한 모습으로 있긴 하지만 아름다움을 잃었기에 이미 꽃이 아니다.

한 달쯤 전에 불필요한 가지를 잘라냈더니, 장미꽃 세 송이만 잎은 하나도 없이 덜렁 남아 있다. 사람들은 장미꽃이 향기가 없고 어쩌고 하지만 그 아름다움에는 공감한다. 그렇지만 '마지막 잎새' 하나도 없이 썰렁한 가지에 꽃만 있으니 볼품이 없다. 실직당한 중년의 모습처럼 후줄그레하다. 지금 정원의 장미는 철사 끝에 매달린 조화를 보는 느낌이다. 아니 그 보다도 못하다. 조화는 후줄그레한 모습까지 보이진 않으니 그렇다. 그런데 장미의 오래된 가지에는 하얀 가시가, 꽃을 달고 있는 짙은 녹색의 가지에는 빨간 가시가 돋아있는 것도 처음 알았다.

하찮은 것 같은 가시가 그나마 장미꽃 나무임을 웅변으로 말해주고 있다. 장미가 본래의 아름다움을 나타내기 위해서는 봄·여름에 무성한 짙은 녹색의 잎사귀가 받쳐주고 있음을 알았다. 홀로 선 장미꽃의 아름다움이 아니라 잎사귀의 보조의 아름다움이 있기에 장미꽃은 화려한 자태를 뽐낼 수 있는 것이다.

장미꽃을 바라보다가 세상에는 얼마나 많은 보조의 아름다움이 숨어 있는가 하는 것을 생각해 보게 된다. 미국의 대통령 선거의 러닝메이트를 생각해 본다. 아무리 최선을 다하여 대통령 후보의 당선을 도울지라도 러닝메이트는 대통령이 아니다. 오히려 대통령 후보보다 더 열심히 헌신하는 기사를 보면서 그 느낌은 아름다움이었다. 공직사회의 참모진, 주식회사의 이사진도 보조의 아름다움을 실현하는 사람이다. 사람은 더불어 살게 마련이니까, 의외로 혼자서 잘할 수 있는 일은 드문 것 같다. 부급장, 부회장이라는 '부'가 따라붙는 자리들은 어떤가. 초등학교 시절의 부급장은 보조의 아름다움을 나타낼 수 있는 선에서 부급장이어야지, 급장보다 더 똑똑하고 열성을 내다간 괜히 잘난 체 한다고 왕따를 당했던 경험들이 있을 것이다. 사실상 부급장이라는 자리는 있으나마나한 자리임에도 급장과 의견이 잘 맞으면 모두에게 만족을 줬던 것을 기억하고 있다.

우리에게 여러 사람의 영부인이 있었지만, 그 중에서도 유독 육영수 여사가 압권으로 떠오름은 무엇일까. 그것은 보조의 아름다움과 품위가 겹쳐져서 기억되기 때문일 것이다.

모자라거나 넉넉지 못한 것을 보태어 돕는 일을 생각할 때 부부관계를 빼놓을 수 없다. 결혼식장에서 주례 앞에 섰을 때는 검은 머리 어쩌고의 주례사를 들으면서 보조의 아름다움을 맹세하지만, 빠르면 돌아서면서부터 제 갈 길을 가는 부부가 많은 것이 현실이다. 보조의 아름다움은 효과가 속효성이라기보다는 지효성이어서 쉽게 감지되지 않고, 혼자의 고집이 앞서기 때문이다.

인간의 본성이 도와주는 일보다 도움을 받기를 더 원하는 것이니, 여기서부터 이혼의 비극은 싹트는 것이 아닐까. 남편은 아내가 좀더 기가 살게 내조해 주기를 바라고, 아내는 아내대로 남편이 이해해 주기를 바란다. 여기서 조금씩 양보하고 조화를 이루면 다행이지만, 쉬운 일이 아니라는 데 있다.

생각은 옛날 그대로인 채 맞벌이부부로 생활환경이 크게 바뀐 요즘에 와서는 더욱 그럴 것이다. 몇십 년이 지난 일인데도 서울의 달동네에서 봤던 정경이 선명하게 떠오른다. 남편은 연탄을 가득 실은 리어카를 앞에서 끌고 아내는 뒤에서 밀면서 고갯길을 힘겹게 올라가던 모습이다. 그때 부부의 행복은 저런 것이겠거니 했던 생각이, 늘어가는 이혼통계에 대한 신문기사를 읽으면서 새롭게 다가온다.

어느 익살꾼의 재치처럼 마누라는 "마주 보고 누우라."는 말의 줄임말이라고 하던가. 부드러운 마음의 화합이 아니고서는 마주 보고 눕기가 어려운 것이니, 마누라란 그럴 듯하지 않은가.

아무튼 남편과 아내는 보조의 아름다움이 있어야 사는 맛을 제대로 느끼며 사는 것이다. 잎의 받쳐주는 녹색의 조화가 있어야 빨간 장미의 아름다움이 빛을 보는 것처럼.

어머니의 빈방

따뜻한 서귀포다. 겨울이 깊어졌는데도 아직 눈 구경을 못했다. 육지부에서는 폭설로 어려움을 겪지만, 여기서는 우중충한 비 날씨다. 구름 사이로 햇빛이 좀 보이는가 싶을 때 전화벨이 울렸다.

어머니였다.

"나, 어머니여. 여긴 비올 것같이 어둑한 날인데 거기는 어떠냐?"

"예, 여긴 햇빛 좀 납니다." 주된 통화 내용이다.

어머니는 8박 9일 예정으로 제주시의 작은동생 집에 조카들을 봐주러 가 계신다.

제주도는 가운데 버티고 있는 한라산의 영향으로 제주시와 서귀포의 날씨가 사뭇 다를 때가 많다. 그래서 어머니는 저장한 밀감이 걱정되기도 해서 전화를 했던 것이다. 평생 호강 한 번 못해 본 어머니, 칠순을 넘긴 나이에도 과수원 일을 같이 한다. 일이 천직이 된 어머니가 집이나 지키고 있도록 하는 것은 오히려 불효임을 알기에 그러지도 못한다.

어머니의 이번 8박 9일 동안의 출타는 평생 처음이다. 어머니가 없는 동안에 참 많은 생각을 했다. 밖거리 집의 어머니의 빈방이 자꾸 돌아다보였다. 밤에 불꺼진 방을 보며 어머니 생각을 다시 하는 기회가 됐다. 제주도에서는 마당을 중심에 두고 집은 세 거리 집, 두 거리 집으로 둘러앉는 게 대부분이다. 두 거리 집인 안팎거리에서 장가든 부모자식 간에 살림을 해도 취사는 따로 하는 것이 풍습이다. 사려 깊은 부모가 자식들이 성장하면 분가하여 살 길을 열어 주고, 한편 자기들 스스로도 죽기까지 진력하는 마지막 생활의 방편이다. 어머니의 방은 현관문만 나서면 볼 수 있다. 오며 가며 별일 없으신가 살펴지고 빈방인 줄 알면서도 눈길이 자꾸 간다.

어머니는 4년 전 뇌졸중으로 쓰러진 후 처음엔 몸의 반을 거의 쓰지 못했다. 그럼에도 꾸준히 한의원의 침술치료를 받고 지금은 불편한 점이 없다. 한의원에서 침을 맞으러 시내까지 동행하는 일은 장남인 내 몫이다. 4년 동안 한의원에 어머니와 동행하다 보니, 얼굴이 익숙해진 손님들이 많다. 어머니를 잘 모시는 효자라고 그 사람들이 칭찬을 하지만, 잘 모시지 못하는 죄스러움에 부끄러울 뿐이다.

농약치는 일이라든가 밀감수확 등의 과수원 일은 시간 여유가 없어 짜증이 날 때가 많다. 나이가 많은 어머니의 느린 이해와 행동은 사실 짜증을 불러 온다. 어머니는 욕을 하는 것으로 받아들이고 섭섭해 하실 때가 많다.

밀감 판매를 하던 한 달 전쯤의 일이다. 일이 다 끝난 다음 아내가 전하는 말에서 큰 충격을 받았다. 그 날은 일요일이어서 동생들과 조카 등 온 집안식구가 동원된 날이었다. 여동생이 어머니께 짜증내는 것을 보고 곁에 있던 큰동생이 하는 말, "어이구, 불쌍한 우리 어머니. 형님한테 욕 얻어 듣고, 하나밖에 없는 딸한테서 욕 듣고…." 하더란다. 오남매 모두가 효심이 깊은 편이지만 유달리 효심이 깊은 큰동생은 아직까지 어머니께 싫은 소리를 하는 것을 못 들어봤다.

사람은 상황이 바뀌고서야 그 상황을 잘 이해하는지도 모른다. 어머니의 빈방을 보며, 동생이 했던 말을 곱씹는다. 마음이 불편하게 하는 것은 큰 불효가 아닌가. 지난날을 반성하면서 지금은 말에 상당한 조심을 한다.

3년 전 홀연히 가신 아버지께 효도를 다하지 못한 죄스러움을 홀로 된 어머니를 배로 편안히 모시기로 형제간에 다짐했었다. 효도에 백 점은 없기 마련이니까 소문이 날 정도로 잘 모시면서도 늘 모자란 느낌뿐이다.

어머니는 조카가 사 준 30여 년 된 고물 미싱을 보물 1호로 애지중지한다. 시간이 날 때마다 농사용 깔개를 만들고 작업복 수선, 평상복 수선을 취미 겸 일로 한다. 30여 년 경력이 말해주듯 웬만한 수선은 감쪽같이 잘한다. 수선할 것이 있으면 세탁소에 가는 것보다 어머니에게 맡긴다. 제대로 수선이 됐을 때 아들이 좋아하는 것을 보고, 어머니는 말은 않지만 매우 흐뭇해 한다.

누이동생도 결혼하여 한울타리 안에 사는 셈이다. 제주도 특유의 'ㄷ'자형 세 거리 집인데 소유가 작은아버지 것을 빌려서 살고 있다. 경제활동을 하는 누이동생의 어린 두 조카를 돌보는 것도 주된 일과다. 어린이집이 끝나고 와서 누이동생이 돌아오기까지 서너 시간을 같이 있는 것인데, 죽어라고 말을 안 듣는 자매와 씨름하는 어머니가 안스러울 때가 많다. 동네 사람들과 길거리에 앉아서 얘기하는 것이 싫다면서 같이 어울려 유유자적하지 않음도 안타까운 생각이 든다.

어느 목사가 어버이 주일에, "한 분의 어머니는 열 명의 자녀를 훌륭히 키울 수가 있지만, 열 명의 자녀는 단 한 분의 어머니를 잘 모시지 못한다."고 했다는 설교가 마음에 와 닿는다.

작년에 49년 만에 가졌던 첫 오남매의 망년회에서 어머니가 부른 '아리랑'을 생각해 본다. 그것은 세월의 한이었을까, 달관이었을까.

어머니가 돌아올 시간이 다 돼 간다. 오랜만의 외출에서 얘깃거리를 많이 가지고 오셨으면 좋겠다. 8박 9일 동안 어머니의 빈방을 바라보면서 참 많은 생각을 했다. 어느 책에서도 읽지 못한 효의 길을 홀로 터득한 셈이다. 어머니의 자리를 절감했다.

오늘 밤은 어머니의 방에 불이 켜지겠다.

조금만 더 가까이

일 년에 네댓 번은 서울에 볼 일이 있어서 왕래한다. 대부분 새벽에 나섰다가 밤늦게 돌아온다. 모르는 사람들은 제주에서 서울까지 비행기 운항 시간 50분만 계산하고 별 대수롭지 않게 여기지만, 실상은 여간 피곤하지가 않다. 집이 서귀포여서 제주시까지 가는 시간까지 합하여 비행기 출발 두 시간 전부터 서둘러야 무리가 안 간다. 지역 특성상 갑자기 기상변동이라도 생기면 서울에서 내려오는 항공편이 취소돼서 난감했던 적도 있다. 그래서 당일 일을 보고 내려오려면 제주 공항에 착륙하기까지 항상 긴장이 된다.

며칠 전에도 진료차 서울에 다녀와야 할 일이 있었다. 중년의 후반기를 다 지나다 보니 전립선 비대 증상인지 소변이 자주 마렵다. 평소에는 별 불편을 못느끼고 생활했지만, 여행이나 화장실 이용이 쉽지 않은 곳에 갈 때는 긴장하게 된다. 지난번 서울 여행 시에도 소변 때문에 혼쭐이 난 경험이 있다. 집에서부터 조금 요의가 있었는데, 시간 여유가 없어서 그대로 공항버스를 탄 것이다. 평소에는 한 시간 10분이면 서귀포에서 제주시에 닿는 버스가 그날 따라 10여 분을 연착한 것이다. 승차해서 10여 분이 지나자 심해지기 시작한 요의를 억누르느라고 진땀을 흘려야 했다. 얼마나 난감한지 당해보지 않은 사람은 모를 것이다. 비행기 출발 시간은 임박해 가는데 평소보다 느린 버스가 원망스러웠다.

공항에 도착하면 우선 화장실부터 찾는다. 미리 요의를 없애 두어야 행동이 자유롭기 때문이다. 물론 비행기 내에도 화장실이 있기는 하지만, 아무래도 이용이 껄끄럽다. 김포공항에 도착해서도 마찬가지다. 공항을 빠져나오면 지하철이나 버스를 바로 이용하기 때문에 화장실에 들러 둬야 불편을 감수하지 않는다. 비행기 안에서 나처럼 무의식 중에 긴장한 사람이 많아서인지 대합실로 들어서자마자 대부분이 화장실로 직행한다. 그래서 항상 만원이다. 소변 보는 사림 뒤에 한두 사람 줄을 시 있는 것도 보통이디.

언제부터였는지는 모르겠지만, 소변기 위를 쳐다보니 '조금만 더 가까이'라는 문구가 붙어 있다. 슬몃 웃음이 나오면서 반 발쯤 가까이 다가섰다. '조금만'이라는 글자 위에는 방점까지 찍어서 조금만 더 가까이 서서 일을 볼 것을 간절히 희망하고 있었다. 좌우를 둘러보니 그 문구를 읽고 한 발 더 가까이 다가서는 사람들이 있는 것 같아 반가웠다. 아직은 그러지 않는 사람들이 많은지 소변기 주변 바닥이 지저분하다. 남자들은 용변을 마친 후 으레껏 털고 나오는데,

그때 흘린 오줌방울로 인해서다. 문득 어디서 읽었던 유머가 생각난다. 노상방뇨를 하다가 경찰에 적발된 여자와 남자. 여자에겐 얼마의 범칙금 스티커를 떼는데, 남자에게는 그 곱배기 범칙금이었다. 왜 불공평하냐고 따지는 남자에게 경찰관 왈, "여봐요, 당신은 흔들었잖아." 했다는 얘기다.

공중도덕 어쩌고 하기 전에 '빨리빨리'와 '바쁘다.'에 익숙해진 사람들이 대부분이니, 고치기 어려운 만성병인지도 모른다. 그러니 용변 후 털면서 돌아서고 지퍼를 올리는 행동에 익숙해져서, 바닥에 흘리지나 않는지 돌아볼 틈도 없이 화장실을 나선다. 일을 마치고 귀향하기 위해 김포공항에 갔을 때, 오후 늦은 시간의 화장실은 더욱 지저분했다. 청소 아줌마가 얼마 만큼의 시간을 두고 청소하는지는 모르지만, 분명히 중간에 청소를 하고 있는데도 그런 형편이다. '교보문고'의 화장실에는 '반 발 더 가까이'라고 써 있고 비교적 깨끗했다. 문구의 덕택이라기보다는 이용하는 손님이 공항보다는 적기 때문일 것이다.

서귀포의 어느 서점 화장실에는 '수도 꼭지 누루세요.' 하고 벽에 매직으로 써 있다. 서점을 한다는 사람이 '누루세요.'라고 맞춤법에도 없는 글귀를 써 놓은 것이 영 마음에 들지 않는다. 무엇이라고 썼건 그것이 문제가 아니라, 그렇게 해야 되는 것이 서글픈 일이다. 대상이 어린 아이들도 아니고, 성인들을 놓고 하는 얘기이니 말이다.

'조금만 더 가까이'에 무관심한 사람들이 다른 공중도덕은 잘 지킬 리 만무하다. 특히 휴대폰 공해에 시달려 본 사람은 알겠지만, 어느 사람은 문상을 가서 상주와 절을 하는데 느닷없이 휴대폰 신호음 '닐니리야 닐니리야'가 터져나와 곤혹을 치렀다고 한다. 어느 날 법원의 경매 법정을 구경한 적이 있다. 담당판사가 경매가 진행되는 동안 휴대폰을 꺼주기를 당부했다. "하루에 한두 번 전화가 올까말까한 사람이 이런 데서는 꼭 전화가 옵니다. 휴대폰을 꺼주시거나 진동으로 해주시기 바랍니다."고 했건만 몇 분도 못 가서 삐리릭 삐리릭 휴대폰이 울려대는 걸 봤다. '조금만 더 가까이'에도 무관심해서 소변기 주위에 지저분하게 하는 습성이 어디에선들 예외일까 하는 생각을 해본다.

공중도덕쯤이야 이미 초등학교 때 마스터했으니 더 신경쓸 것이 없다는 사람들이 많아지면 사회생활은 더 피곤해질 것이다.

남을 생각하는 마음, 곧 자기가 편한 길이 아닌가. 조금만 더 가까이 소변기에 다가서는 마음이 중요하다.

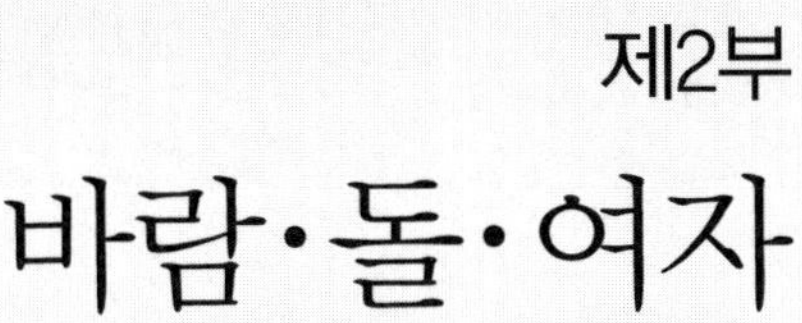

제2부

바람·돌·여자

화장실의 명언

햇수로 10년을 넘기고 있는 중고차를 갖고 있다. 속 썩일 때가 많다. 당장 처분하는 비용보다 수리비가 많이 들지만, 소형차니까 움직이지 않을 때까지 타고 보자는 심산이다. 경제적 어려움이 선뜻 새 차 구입에 대한 희망을 꺾어놓는다.

수명이 다 돼서 부품교환도 많이 하게 되고, 잔고장도 많은 편이다. 찻값을 넘는 수리비가 나올 때마다 처분을 생각해 보게 된다. 대부분 고향 후배가 경영하는 경정비업체에서 손을 본다. 그런데 이번은 중정비를 해야 된다기에 1급 자동차공업사로 차를 몰았다.

먼저 수리를 맡긴 손님이 있어서 정비를 마치고 나올 때까지 두어 시간은 걸렸다. 예외없이 요의가 생겼다. 화장실에 가면서 문득 50대 초반인 나이를 생각했다. 소유하고 있는 승용차처럼 중고 인생임을 부인할 수 없다. 50대 이상인 우리나라 남성의 60%이상이

전립선비대 증상을 갖고 있다는 글을 어디서 읽었다. 오줌이 잦기 마련이다. 업무상 시간이 걸리는 장소에서는 자연히 화장실을 찾게 된다.

화장실은 편안해야 할 것임은 말할 것도 없다. 그래서 선인들은 변소便所, 편안한 곳이라고 했는지도 모른다. 볼 일을 봤으니 편안하고, 그동안은 잡다한 생각을 하지 않았으니 편안하다. 몇 년 전부터 공공기관이나 회사에서 아름다운 화장실 가꾸기, 편안한 화장실 만들기에 많은 노력을 하고 있다는 소식을 듣는다. 누구나 숨돌릴 틈도 없이 바쁜 세상 살면서 몇 분도 안 되는 잠시나마 편안한 마음을 가질 수 있다는 것은 좋은 일이다.

주변이 어수선한 자동차공업사의 화장실을 찾으면서 지저분하기 만할 것 같은 선입견이었다. 별로 깨끗한 느낌은 없었지만 의외의 문구가 눈앞에 걸려 있는 것이 아닌가.

"거짓말을 한 그 순간부터 뛰어난 기억력이 필요하다." 맞는 말이다. 출처가 어디인 명언인지는 알 수 없으나 적절한 말이다. 밑에 '11월 2주, 도장부'라고 써 있는 걸로 봐서 공업사의 부서별로 명언판을 갈고 있으리라는 짐작이었다. 용변을 보는 순간은 편안한 순간이어서 그랬는지, 몇 개월 전의 일인데도 머릿속에 지금도 신선하다.

어렸을 적 사소한 거짓말을 해놓고 그 거짓말이 드러날까 봐서 보다 크고 정교한 거짓말을 했던 것을 생각하면 빙긋 웃음이 나온다. 사실 '뛰어난 기억력'을 갖지 못했으니 거짓말이 들통나는 것은 시간문제였다.

지금이야 돈만 있으면 주전부리할 과자 종류가 동네 슈퍼에도 쌓였다. 지금 50대 이상 사람들의 어린 시절에는 꿈도 꾸지 못할 일이었다. 연명이 어려웠던 시절에 무슨 돈이 있었겠으며 과자가 있었겠는가.

우리 집의 뒤곁에는 큰 밀감나무가 두 그루 있었다. 밀감나무 하나가 큰 돈이 되던 때였으니 밀감을 따먹는 것은 금지된 일이었다. 손자를 그렇게 아꼈던 할머니였지만 밀감에 손대는 것은 허락하지 않았다. 할머니가 없는 틈을 타서 하나 둘 따먹고선 손대지 않았다고 거짓말을 하곤 했다. 밀감 껍질이 여기 저기 보이는데 거짓말을 해봐야 씨도 먹히지 않았을 것은 뻔하다. 최후에 고안해낸 방법은 흔적을 남기지 않는 것이었다. 밀감의 껍질을 벗겨서 먼저 먹고 알맹이는 아껴 가면서 나중에 먹었다. 그때는 거의 무농약 재배였으니 농약에 대한 걱정은 없었지만, 껍질의 씁쓰름한 맛은 무엇에 비견할까.

공업사의 화장실을 나오면서 거짓말에 대한 그때의 기억은 진짜 밀감 껍질 맛이었다.

며칠 전 '수필과비평'사에서 주최하는 문학상 시상식에 다녀왔다. 장소가 전주여서 조금은 신경이 쓰였다. 서귀포에서 제주시로, 제주시에서 광주, 전주의 코스를 거치는 것은 피곤하다. 광주고속터미널에서 전주로 이동하기 위해서 대기할 때다. 우선 화장실에 들러서 미리 준비를 해뒀다. 시간도 모르고 지리도 모르는데 고속버스 속에서 요의를 느낀다면 대단한 고역일 터이니까.

화장실도 터미널답지 않게 깨끗한 편이었지만, 소변기 위에 하나씩 '화장실 명언'이 부착돼 있지 않은가. 내 앞에는 "누구의 벗이나 되려고 하는 사람은 아무의 벗도 아니다." – 독일작가, 플로베르라는 문구가 붙어 있다. 역시 맞는 말이다. 바쁜 세상에 살면서 누구의 벗이나 되려고 얼마나 쓸데없는 정력과 시간을 허비하는가. 누구의 벗이나 되는 것이 사실상 가능하지 않음에도 가능한 것처럼 착각하는가. 벗을 인위적으로 만들려고 노력하는 것은 있던 벗마저도 소홀하게 하는 것은 아닌지 생각해 보게 된다.

화장실 명언을 모두 음미해 보려고 하다간 이상한 사람으로 오해받기 십상이다. 바로 옆 소변기 위의 명언을 살펴보니 " 두 사람의 우정에는 한 사람의 인내가 필요하다." – 타미로족의 격언이라고 돼 있다. '타미르족'이 어느 나라 종족을 말하는 것인지는 알 필요 없고, 새로운 깨달음을 준다. '두 사람의 우정에는 한 사람의 인내가 필요'한 것을 모르고, 속앓이를 했던 시간은 좀 적은가. 나는 인내하지 못하면서 나의 잘못엔 친구가 인내해 주기를 바라지 않았던가. 그래서 불필요한 오해와 속앓이를 했던 과거와, 지금도 마찬가지일 것이다.

아무리 마음에 와 닿는 명언이라한들 지명의 나이에 명언집을 사다 읽을 것인가. 명언도 느낌이 오는 때와 장소가 있기 마련인지도 모른다. 그래서 화장실의 명언은 절묘한 착상이다.

아 그렇구나 하는 느낌을 가지며 나서게 하는 화장실이 진짜 편안한 화장실이다.

아버지의 기도

오늘은 50회 생일이다. 겨울의 한복판에 있으면서도, 설을 지나고 3일째 을씨년스런 비 날씨다. 차라리 눈이 오거나 맑은 날씨였으면 좋으련만 희망사항일 뿐이다.

50년을 살아오면서 내 인생에도 맑은 날씨보다는 비 날씨가 더 많았다는 생각을 해 본다.

청력의 약화는 해 보고 싶은 젊은 날의 꿈이 그 문턱에서 좌절당하기 몇 번이었던가. 당해 보지 않은 사람들은 그 좌절의 아픔을 몇십 분의 일도 실감하지 못할 것임을 잘 안다.

세상 일은 뜻대로 안 되는 것이라는 생각은 체념이 아니라 달관이었다. 성공적으로 살아왔다는 자만은 없지만, 무언가 가능성을 찾아 헤맸다는 얘기는 할 수 있으니 무의미한 삶은 아니었다.

1주일 전에 아들의 대입 합격자 발표가 있었다. 목표했던 수도권 대학에 실패한 아들은 꽤 침울한 것 같았지만, 지방 대학의 상위권 학과에라도 붙었으니 다행이다. 학부제 입학이어서 아직 학과는 결정이 안 됐지만, 목표하는 학과가 나와 같다. 영락없는 선후배 사이가 됐다. 발표 다음날이었던가. 과수원에 갔다 와서 점심때였다.

"야, 후배, 라면 하나 끓여 와."

"옛." 하면서 익숙한 솜씨로 라면을 끓여 왔길래, 점심을 대신했다.

지난해의(2000년) 수능 인플레에 참 한심했다. 예년에 비해 평균 20~30점이나 높은 점수가 나왔으니, 변별력이 없어져 대입지도에 얼마나 혼선을 빚었는가.

어느 사람은 글을 쓰면서 80점 인생을 얘기했지만, 수능 점수로 그에 해당하는 320점을 맞고는 웬만한 대학의 아무 학과에도 붙을 실력이 안 된다. 360점이면 백 점 만점 환산 시 90점이 되는 점수다. 그럼에도 370~380점을 맞고도 소위 좋은 대학 입시에선 어림도 없었으니 너무했다는 생각이다. 80점 인생이면 살아가는 데 족하지 90점, 100점은 나쁜 것은 아니지만 피곤하다.

아무튼 아들에게 '성 프란체스코'의 〈그런 지혜를 주옵소서〉를 주고 싶다.

"주님, 제가 변경할 수 없는 것은 그것을 받아들일 수 있는 평화로운 마음을 주옵시고, 제가 변경시킬 수 있는 일을 위해서는 그 것에 도전하는 용기를 주옵시고, 또한 그 둘을 구별할 수 있는 지혜를 내려 주옵소서."

아들아, 사람들은 세상 살면서 변경할 수 없는 것을 받아들이지 못함으로써 때늦은 후회로 많은 시간과 날들을 허비한단다. 심한 경우는 그 받아들이지 못함 때문에 한 발짝도 앞으로 나가지 못하고, 제자리걸음에서 드디어는 후퇴하는 것을 본다. 오늘 밤이 아무리 어두울지라도 내일 또 밝은 새벽이 온다는 것을 알면서, 밤이 어둡다고만 하는 것이 보통 사람들의 마음이다.

아들아, 새로운 시도를 갖고 도전하는 용기가 젊음에게 우선하는 것임은 두말할 필요가 없다. 거기에는 많은 시련과 아픔과, 두려움과 어두움이 함께 따른다. 그래서 산이 높다고만 하면서 아예 오르기를 포기한다. 오르려다 못 오르느니 차라리 안 오른다는 그럴 듯한 변명으로 위장하면서 말이다. 산을 오르는 고통을 택하기보다 편안한 상태에 안주하고 싶은 것이 사람들의 속성일 것이다.

맥아더 장군의 〈아버지의 기도〉가 절실하게 다가온다.

"주여, 내게 이런 자녀를 주옵소서.

약할 때에 자기를 돌아볼 줄 아는 여유와 두려울 때 자신을 잃지 않는 대담성을 가지고, 정직한 패배에 부끄러워하지 아니하고, 승리에 겸손하고 온유한 자녀를 저에게 주옵소서…중략…

이런 것들을 허락하신 다음 제 아들에게 유머를 알게 하시고 생을 엄숙하게 살아감과 동시에 생을 즐길 줄 알게 하소서.

그리하여 나 아버지는 어느 날 내 인생을 헛되이 살지 않았노라고 고백할 수 있도록 도와 주시옵소서."

아들아, 문득 우스갯소리 하나가 떠오른다. 거지 부자가 어느 날 길을 가는데 불타오르는 집이 보였다. 아들 왈, "아부지, 우리는 참 좋겠지예. 집이 없으니 불 날 염려 없어서 좋고, 도둑맞을 염려 없어서 좋고…." 했더란다. 어쩜 의미가 있는 말이다. 세상이 고르지 못한 것도 사실이고, 잘되는 사람만 더 잘되게 마련인 것도 사실이다. 그렇지만 거지 아들의 말처럼 세상의 다른 한 면을 보고 만족을 찾아내는 것도 지혜로운 세상 삶의 방법이다.

요즘 군대는 어떤지 모르겠지만, 군대는 어려움이 무엇인가를 체득하게 하는 좋은 기회였다. 3년간을 군대에서 '썩는다.'는 생각을 가졌더라면 아무것도 배울 것이 없었을 것이다. 꼭 같은 상황에서도 생각하는 방향의 차이는 한 사람의 인생을 여러모로 바꿔놓을 수 있다는 산체험이었다. 지금도 '안 되면 되게 하라.'는 말이 어려움에 부딪칠 때마다 여러모로 방법을 모색해 보게 하는 것이다.

아들아, 50년 생을 살아 보니 산다는 것 자체가 무엇에도 견줄 수 없는 존귀한 일임을 깨닫는다. 어려움을 헤쳐나가는 멋도 있어야 삶의 기쁨도 배가 되는 것임을 알게 된다.

이제 곧 대학생이 될 텐데 지금까지도 그래왔듯이 모든 것은 스스로 결정하고 행동하기 바란다. 다만 부딪치는 어려움에 해결의 길을 찾기 어려울 때는 컴퓨터의 도움말 키를 누르듯이 도움을 요청하면 보탬이 되어줄 것이다.

슬기를 위하여

싸늘한 겨울바람이 분다. 옷깃을 여며도 춥기는 마찬가지다.

일생을 살아가는 것도 싸늘한 겨울바람에 옷깃을 여미듯이, 슬기롭게 챙겨야 하는 것이 아닐까. 아무 일도 없이 편안하기만 한 인생이 있다면 하고 희망한다. 그러나 막상 편안함이 얼마 동안 계속되면 재미 없어지는 것이 우리의 삶의 모습인 것 같다.

슬기의 사전적 풀이는 사리를 바르게 판별하고 일을 잘 처리해 나가는 능력, 지혜라고 돼 있다. 사실 슬기롭게 어려운 일을 잘 처리한다는 것은 얼마나 어려운 일인가. 그렇게 할 수만 있다면 곤경에 처하는 사람은 아무도 없을 것이다 그런 점 때문에 슬기의 진가는 더욱 빛나는 것인지도 모른다.

뜻하지 않은 어려움을 만나면 누구나 당황하기 마련일 것이다.

평소에 생각해둔 대처 방법조차 위기에는 떠오르지 않으니 답답한 노릇일 수밖에 없다. 내게도 군대라는 특수상황 속에서 찾아온 위기는 잠시 막막하게 했다. 어찌 도움을 청해 볼 길이 막힌 상황에서 난감하게 됐던 일이다.

고된 훈련병 시절을 마치고 근무부대에 배치받기 위한 2박 3일간의 보충대생활에서였다. 타 지역에서 훈련을 받은 병사도 끼어 있으니 3일간의 만남이 특별할 것도 없다. 오늘 밤을 자고 나면 내일은 배치된 부대로 가게 되어 있었다. 저녁 식사 후의 일이다. 옆에 자리한 동료가 호들갑을 떤다. 관물을 잃어버렸다는 것이다.

자대에 가서 관물이 모자라면 호된 기합을 받는다고 누누이 들어온 터라 황급히 떠블백을 열어 보았다. 이런, 몇 가지 관물이 어느 샌지 모르게 증발한 것이 아닌가. 기합에 시달릴 생각을 하니 아득해졌다. 육지부가 고향인 옆 동료는 자기 것도 도둑맞았으니 한 번 네 것도 살펴보라면서 걱정을 한다. 한순간의 만남일 뿐인데 지나치게 친절한 것 같은 느낌이 생각을 새로하게 했다. 그 친구가 없어졌다고 하는 물품이 내게도 똑같이 없질 않은가. 군화, 작업복, 상의, 런닝셔츠 등 네댓 가지가 꼭 같았다. 순간적인 판단에서 동료를 범인으로 지목했다. 도둑이 제 발 저리다는 격으로 그 친구는 몇 가지 허점을 보이고 있었던 것이다. 다짜고짜 "야, 너 떠블백 좀 보자." 하고 풀어 헤쳤더니 내가 분실한 품목이 고스란히 있는 것이 아닌가. "어, 네 관물이 왜 내 떠블백 속에 있지?" 하고 동료는 놀라는 표정을 짓는다. "야, 임마 니가 훔쳤으니까 거기에 있지, 웬 딴소리야."로 일단락됐다.

그 동료가 아무 소리 않고 있었으면 되찾을 방법은 묘연했다. 색깔이나 외형이 똑같은 군용 물품을 조그만 표시 하나 해 둔 것으로 찾는다는 것은 불가능한 일이었다. 군 계통에 분실신고를 해봐야 병신 소리를 듣기나 할 뿐 무익한 일이었다. 훔쳐간 동료가 갑자기 친절한 척하는 점, 자기도 잃어버렸다고 호들갑을 떠는 점에 착안하여 의외로 쉽게 일을 해결했던 것이다.

작년의 일이다. 친목회, 동창회 등으로 술마실 일이 생기면 다음날 주차해 둔 차를 가지러 간다. 집에서 시내까지는 4km의 거리다. 한 번은 걸어서 간 적이 있지만, 다음부터는 걷기를 포기했다. 운동이 되는 것은 좋은데, 보도가 없어서 쌩쌩 달리는 차량들이 너무 위협적이어서다.

어느 일요일 밤에 친목회가 있었다. 차를 운행하지 않기로 작정하고 술을 마음껏 마신 것까지는 좋았는데, 월요일이 문제였다. 평소 자녀들 등교와 아내의 출근을 돕는 승용차이기 때문이다. 아침에 일어나서 츄리닝과 슬리퍼 바람에 집을 나섰다. 집히는 대로 차비를 챙긴 것이 5백 원 동전 세 개다. 집에서 6백 미터만 걸어 내러가면 버스가 많은 수모루정류장이 있다. 시간 여유가 없는데 그날따라 버스가 없지 않은가. 낭패였다. 가진 동전으로는 택시요금에 모자랐다. 다시 집에 걸어와서 돈을 갖고 가는 것도 시간이 모자라고 어쩔 것인가.

무조건 지나가는 택시를 세웠다. 시내까지 얼마냐고 물으니 이천원이란다. 지금은 미터 요금을 받지만 작년까지만 해도 기사 마음대로였다. 쇼를 하는 수밖에 방법이 없었다. "천오백 원밖에 가진

게 없습니다. 미안합니다만 서귀포까지 좀. '부울쌍한 사람'입니다." 기사는 불쌍한 사람 소리에 피식 웃더니만 타라고 했다. 불쌍한 사람이 따로 있나. 싸늘한 이른 아침에 츄리닝 걸치고 슬리퍼 신고 떨고 있으니 영락없지. 아침 첫 손님을 재수 없는 손님 태우지 않으려는 기사들의 기분을 알기 때문에 '불쌍한 사람' 쇼를 했던 것이다.

지금도 아내는 그 애기를 하면 슬며시 웃지만, 위기는 넘기고 볼 일이다.

세상 사는 일이 어렵고 헤어나지 못할 것 같은 경우도 길은 있게 마련이다. 어려운 일이 있더라도 슬기롭게 대처하는 사람은 슬퍼할 여유가 없다. 슬기는 세상 사는 요령이다. 어려울 때도 포기하지 않는 방법을 가르쳐 준다. IMF다, 불경기다, 경제 한파다, 계속 어려운 얘기들이 들리는 때다. 슬기의 능력을 발휘할 때인가 보다.

깜박증후군

수능修能 기사만 보면 빠짐없이 읽으면서도 도대체가 헷갈렸다. 수능대란이라고 할 만큼, 작년도에 고3 자녀를 둔 학부모들은 애를 먹었다.

어쨌거나 아들도 하향 합격이었지만 입시를 끝내고, 오늘이 졸업식이다. 원래 학교행사 등에 관심이 없는 편이었지만, 학교 교정에 발을 들여놓게 되었다. 아들이 고등학교를 마치는 동안 처음이자 마지막이다.

졸업식이 끝난 다음 사진 몇 장을 찍어주기로 하고 학교엘 갔다. 거의 한 시간 가까이 혼자 있으면서 만감이 교차했다. 초등학교 동창생들 대부분이 자녀를 대학에 재학 내지는 졸업을 시키고 있는 형편이다. 3년간의 재수와 늦은 대학 졸업으로 결혼이 늦어서 자식 농사에서만은 항상 뒤처지고 있다.

세상이 복잡해지고 문화가 발달할수록 머릿속은 비례하여 복잡해지는 것 같다. 컴퓨터, 인터넷 세상에 사는 우리다. 686컴퓨터보다도 우수한 인간의 두뇌를 갖고 있으면서 가끔은 깜박한다. 깜박은 정신이나 기억이 잠깐 흐려지는 모양을 말함이다.

오늘도 '깜박증후군' 때문에 애를 먹었다. 증후군이란 몇 가지 증세가 늘 함께 인정되거나 그 원인이 분명하지 않거나 단일하지 않을 때에 병명에 따라 붙이는 명칭이라고 사전은 풀이하고 있다.

졸업식이 끝나고 나올 아들을 기다리면서, 차에도 있어 봤다 밖에도 있어 봤다 한참을 서성였다. 백화점에서 장사를 하다가 때맞춰 오겠다고 한 아내를 기다렸다. 날씨가 좀 찬 기운이 있어서 차에 들어가려고 양복 주머니를 뒤졌다. 이런, 습관대로 양복 오른쪽 주머니에 있어야 할 자동차 키가 없는 것이 아닌가. 뭘 잃어버렸을 때 누구나 하는 버릇이겠지만, 양복 위아래 안주머니까지 두어 번씩 뒤졌다. 키박스에 꽂아둔 채인가 해서 살피다가 조수석에 떨어져 있는 것을 알았다. 어찌할 것인가. 운전석을 잠그면 전부 자동으로 잠기게 되어 있으니 방법이 없다.

연락한 아내가 금방 오자, 아들이 나오면 사진을 찍고 있으라고 했다. 열쇠상을 부르려다가 언제 연락이 될 지도 모르고 비용도 만만치 않으니 포기했다. 집에는 깜박 실수를 대비해서 보조키를 보관하고 있으니 그것이 빠르겠다 싶었다. 마침 인근에서 가게를 하고 있는 친구에게 연락이 됐다. 급한 일이니 15분간만 시간을 내달라고 해서 해결이 됐다.

졸업식 날 좀 붐비는가. 보조키를 갖고 교문에 들어서는데 핸드폰이 울렸다. 어디쯤 왔느냐는 얘길 들으면서 고개를 들어 살피는데 20미터쯤 떨어져서 핸드폰을 들고 있는 아내를 발견했다. 절묘하게 시간이 맞아떨어져서 아들과 졸업사진도 같이 찍고 비상사태는 종료되었다.

자동차 키를 뽑지 않고 문을 잠가서 고생한 예는 대여섯 번 있다. 최근 3년 동안은 실수한 예가 없어서 깜박증후군이 완전히 사라졌나 했는데 또 당한 것이다. 비가 억수같이 쏟아지는 날인데 남의 집 대문 앞에 잠깐 주차했다가 시동을 걸어놓은 채로 깜박해서 문을 잠갔을 때 진땀을 흘렸던 기억이 있다. 다행히 주인이 차를 운행하지 않았기에 다툼 없이 일은 해결되었지만 말이다.

가스레인지에 솥을 올려 놓은 것을 깜박 잊었다가, 독한 타는 냄새가 코를 진동시켜서야 아차 했던 적도 있다. 아내의 장사 일 때문에 밥을 종종 한다. 밥통에 다된 압력밥솥의 밥을 퍼 넣고 전원을 연결하는 것을 깜박해서 거의 식은 밥을 만들어 놓을 때도 있다.

슈퍼에 뭘 사려고 갔는데 정작 사려고 했던 것은 잊어버리고 불필요한 것만 사고 올 때도 있다.

친구의 주유소에서 기름을 넣고 커피를 한 잔 하고 올 때가 있다. 어느 날은 커피 한 잔을 마시면서 친구와 얘기하다가, 휘발유 값 계산하는 것을 깜박하고 집에 왔다. 경리 아가씨가 나중에 전화를 했었지만, 전화를 받기 전 집에 와서야 깜박한 것을 알았다.

귤 수확을 하던 어느 날이다. 일손이 많기 때문에 과수원의 간이 취사장에서 밥을 해먹는다. 밥을 하는 일은 어머니 몫이다. 점심시간이 돼서 밥을 하려다 말고, 쌀을 갖고 오는 것을 깜박했다고 한다. 과수원이 집에서 차로 몇 분 거리이니 문제는 없었지만, 슬며시 웃음이 나왔다.

어느 날은 친구에게 전화를 했는데, 부인이 받았다. 전화 왔었다고 전해 주겠다고 했는데 감감 소식이다. 다음날 전화를 했더니 또 부인이 전화를 받고서는 무슨 말을 하기도 전에 화들짝 놀란다. 어제 전화왔었다고 전한다는 게 그만 깜박했다는 것이 아닌가. 깜박하는 것도 애교로 봐줄 수 있으니 괜찮다고 해서 어색함을 풀었던 적이 있다.

깜박증후군이 다양하고 가지각색이어서 재미있을 때가 있다. 자주 가는 슈퍼에서 담배를 한 갑 주문하고, 손을 내밀고 있는데 주인이 담배와 잔돈을 내놓는 것이 아닌가. 잠시 어이없어하는 차에 주인이 내게서 돈을 받지 않은 것을 알아차렸다. 그렇게 장사해서 뭐 남는 게 있느냐고 해서야 부끄러운 듯 웃었다.

살다 보면 혼자만 깜박증후군 때문에 당황할 때가 있는 것은 아니구나 생각이 들어서 적이 위안이 된다. 세상의 복잡함과 여러 가지 상황에 일일이 대응하기 힘든 것이 필연적으로 깜박증후군을 유발하는 것 같다. 하지만 그런 실수의 유익한 점도 없지 않다.

깜박증후군 발동으로 정신이 없는 상황에서는 당황했지만, 돌이켜보면 미소를 머금게 된다. 똑같은 상황을 반복하지 않으려는 다짐도 한다. 평퍼짐한 일상에서 누구나 어렵지 않은 화젯거리도 만든다. 별로 웃을 일이 없는 사람에게도 웃음을 줄 수 있으니 이 또한 유익하다.

그런 플러스적인 면이 많지만, 깜박증후군은 아무래도 일상에 불편을 준다. 빌린 돈이 많지 않다고 깜박하는 것은 우정에 금이 가게 하는 일일 수도 있다. 말을 꺼내면 깜박했다고 미안해 하면서 상습적인 친구도 있다. 소액의 돈을 빌리고 깜박한 일은 없는지 남의 비슷한 경우를 볼 때마다 생각해 보게 된다. 깜박하는 것이 있을 수 있지만, 당연한 것일 수는 없다.

깜박증후군도 어떤 계기에 정신을 똑바로 차리면 많이 좋아지는 것을 경험한다. 고치려고 노력해도 고쳐지지 않는 것은 아무것도 없을 것이다.

아직 지명의 나이이지만, 옛날에 비하면 젊은 나이 아닌가. 깜박증후군처럼 깜박거리지 말고, 여력이 있을 때까지 확실하게 하루를 채워가는 삶이어야 하겠다는 생각을 해 본다.

모자

사람이 여럿 모이는 자리에선 으레 눈에 거슬리는 부분이 있게 마련이다. 그것이 행동거지이든 차림새이든을 불문하고 말이다. 각자의 개성이라는 것을 참작하고 웬만하면 싫은 소리를 안 하는 것이 상책이다. 다른 사람이 나에게 쓸데없는 소리를 하는 것도 싫으니까, 역으로 그 이치를 적용함이다. 사정을 파악하지 못하고, 때로는 오해로 싫은 감정을 갖게 된다.

오늘의 모임에서도 처음엔 내심 그런 감정을 가졌다. 대학의 ○○과 총동문회 정기총회가 있으니 참석 바란다는 연락을 받았다. 총동문회가 결성된 지 20여 년 세월이 흘렀지만, 최근 10여 년 동안은 참석을 못해 왔다. 오랜만에 만나니까 몇 기 후배들은 잘 모르거나 기억에 없는 친구가 많았다. 예정 시간보다 5분쯤 늦게 모호텔 소연회장에 도착했다.

오랜만이라 반갑다. 입학 연도와 이름을 쓴 명찰을 달았으니 후배들이 반갑게 인사를 건네온다. 나는 1회 입학인 데다 재수 끝에 들어가서 연상의 선배는 없다. 비록 후배들보다 사회적 성공은 못 했지만 1회로서의 긍지를 갖는다. 군대 3년을 보내고 복학했던 관계로 몇 기 후배까지 교류가 넓은 편이다.

20여 년 만에 만난 후배도 있으니 잘 모르는 것이 당연하겠지만, 알 듯도 하고 기억이 가물거리는 후배가 한 사람 있었다. 안경을 썼던 것도 잘 기억이 나지 않지만, 웬 모자까지 썼을까. 실내에선 모자를 쓰지 않는 것이 예의임을 모르진 않을 텐데 말이다. 선배들도 있고 같은 과 은사인 모교의 총장님도 계신데 모자를 꼭 써야 할 사정이 있는가 싶었다.

회의가 끝나고 정겨운 만남의 술잔이 돌기 시작했다. 한 테이블에 일고여덟 명씩 앉았으니, 육칠십 명이 참석했다. 모자를 쓴 후배가 앉아 있는 테이블에서 특별히 술 초청을 한다. 같이 수강한 지 20여 년 만에 만나는 후배들이다. 술잔을 나누면서 옆의 후배에게 저 친구는 왜 모자를 쓰고 있느냐고 물어봤다. 귓속말로 머리가 벗어져서 그렇단다. 그 후배에게 다가가서 살짝 모자의 앞 부분을 들춰봤다. 어, 이런 상당한 대머리였다. 사전 아는 바 있었기에 모자를 홀랑 벗겨 버리지 않은 것이 다행이었다.

40대 중반임에도 육칠십대인 것처럼 머리가 벗어져 있을 줄은 몰랐다. 그럼에도 사정을 모르고 잠시 오해했던 것이 미안했다. 어쩌다 버스를 타면 젊은 사람들이 노인인 줄 알고 자리 양보를 하는데야 모자를 안 쓸 방법이 없다는 것이었다.

모자 지붕 앞 부분이 차양과 붙어 있는 모자 이름이 뭐냐고 백화점의 가게에서 물어 봤다. '도리우찌' 모자라고 했다. 다시 일본어를 아는 여자친구에게 물어보니, 원래 일본에서 유래된 사냥모자란다. 고개가 끄덕여진다. 차양이 눈을 가리는 모자를 쓰면 조준경을 가늠하기가 불편할 것이다.

모자 가게에서 물어보니 모자 이름도 여러 가지다. 도리우찌, 나까우리, 중절모, 벙거지, 빵모자, 야구모자 등이다. 모자의 용도를 생각해 보니 이름만큼이나 다양하다. 범죄를 기도하는 사람은 얼굴이 보이지 않게 빵모자를 눌러쓰고 긴 목티셔츠를 올려서 눈만 보이게 한다. 모자의 본래 용도는 햇빛을 가리거나 멋으로 쓰는 것이다.

문득 어린 시절 개구쟁이들의 모자의 용도가 생각난다. 전형적인 농촌이라 장난감도 아무것도 없던 시절, 놀이터는 들판이었다. 개구쟁이들한테도 누가 임명하거나 선출하지 않은 리더가 자연발생적으로 나타났다. 권위도 막강해서 함부로 리더의 일에 방해하지 않는다.

"야, 너 이리 와 봐라. 이 모자 속에 꿩병아리 하나 잡아 뒀는데, 갖고 있어라. 조심해야 되니까 모자를 살짝만 들고, 손으로 팍 잡아라. 놓치면 혼날 줄 알아!"

어느 명령이라고 거역할손가. 지목받은 아이가 모자를 아주 조금만 들치고 손을 넣는 순간에 무엇을 팍 잡는다. 그런데 이게 아니지 않은가. 물컹 손에 잡히는 건 목숨 있는 꿩병아리가 아니었다. 개구쟁이가 그답게 몰래 응가를 해놓고 모자를 덮어놓은 것이다. 일행은 배꼽을 잡지만, 순진한 아이는 사뭇 울상이었다.

모자는 마술사에게도 필수적인 소품이다. 지금껏 모자를 쓰지 않은 마술사를 본 기억이 없다. 성인이 되어서 마술을 구경한 적은 없지만, 어렸을 땐 참 신기했다. 사람의 눈을 속여 이상한 일을 해 보이는 재주가 마술일진대, 속지 않으려고 했지만 허사였다. 분명 아무것도 없었던 모자 속에서 비둘기, 사과, 병아리가 나왔으니 어린 마음에 마술사의 모자가 대단해 보였다.

본래의 용도를 떠나서 유용한 물건들도 생각해 보면 많이 있다. 긴 우산은 유사시 호신용으로 써 볼 수 있겠다. 언젠가 여성의 치한 퇴치법으로 하이힐을 벗어서 사용하라는 글을 읽은 것 같다. 생활 속에서 부대끼다 보면 본래의 용도만 생각하고 오해하는 경우가 종종 있다. 뭐 별로 춥지도 않은데 마스크를 하고 다니나 하겠지만, 얼굴에 상처를 커버하기 위한 것임을 뒤늦게 알게 될 때가 있다. 오늘도 모자 쓴 후배가 밤에 있는 행사에서 상황에 맞지 않는 것처럼 보였지만, 대머리를 커버하기 위한 방편이 아니었던가. 밤에도 모자를 쓰고 다녀야 하는 후배의 심정인들 편안할 것인가.

모자의 다양한 용도처럼 달리 생각해 보는 여유를 가지고, 아픈 곳을 가려 주는 모자처럼 생활할 일이다.

꿈

꽃샘추위가 아직 남아 있는 때다.

각 대학에서는 기쁨과 설렘으로 가득해야 할 졸업식이지만 꽃샘추위처럼 분위기가 가라앉아 있다는 소식이다.

IMF이후 최악의 취업난이란다. 취업을 희망하는 대졸자는 32만 명이 넘는데, 취업자는 고작 12만 명 내외라고 하니 그 심각성은 눈에 보는 듯하다.

며칠 전에는 실업자가 백만 명을 돌파할 것이라는 기사를 읽었다. 새천년을 맞아 희망을 가져보던 때가 엊그제 같은데, 해가 바뀌면서 어두운 소식만 들리니 난감하다. 누군들 어려움에 마음 편한 사람이 있으랴만, 풀려가겠지 하는 희망도 없으면 더욱 힘들 것이다.

10년 동안의 직장 생활을 접고, 농사꾼이 된 지도 8년째가 된다.

누적된 스트레스가 병이 되어 직장에서 밀려날 때 참으로 감당하기 어려운 아픔이 있었다. 말이 명예퇴직이었지 얼마나 불명예스런 퇴직이었는가. 대부분이 잘 처리했던 건강관리를 스스로 잘하지 못했다는 책임만은 누구에게도 미룰 수 없다.

언제부터인가 우리 사회에서 익숙한 단어가 돼버린 '구조조정', '명퇴'라는 말이 있다. 살아남기 위한 방법이라지만 명퇴 자에게는 일생의 큰 아픔으로 남는다. 오늘의 직장생활에서 명퇴의 걱정으로부터 자유로운 사람은 아무도 없을 것이다. 살아남기 위해서 갖은 눈치를 다 보아야 되고, 명퇴 후보로 거론되고 있지 않은지 항상 온 신경을 가동시켜야 한다. 그래서 어떤 사람은 '명퇴 없는 세상에서 살고 싶다.'가 유언이었다.

사람에 따라선 꿈을 자주 꾸고, 그 내용을 선명히 기억해서 얘기하는 사람을 본다. 나는 꿈을 거의 꾸지 않는 편이다. 어쩌다 꿈을 꾼 것도 새벽에 기상 무렵이면 완전히 잊어버리거나 희미하게 남아 있을 뿐이다.

그런데 어느 날의 꿈은 달랐다. 예외로 선명하게 기억이 되살아나는 것이다.

출장을 갔다 돌아오는 발걸음이 까닭없이 가볍지가 않았다. 용무를 완결하지 못하고 돌아오는 길이 아님에도 말이다. 공무원은 재용만 되면 말년까지 밀려날 걱정 없고 승진이 보장되는 직업이라는 긴 옛 말이다. 타 직업과 마찬가지로 정년까지 가기도 힘들 뿐더러 눈치껏 명퇴해야 된다는 것도 불문율이다. 그러니 세월이 가면 승진에 대한 기대보다는 명퇴에 대한 불안에 떨기 마련이다.

마침 승진 가능 대열에 끼긴 했으나 국가 기관의 지방 행정 관서에 있으니 경쟁자가 여럿이었다. 어느 누가 명퇴를 한다는 것은 자기가 그만큼 승진이 유리해진다는 얘기였다. 그런데 출장에서 돌아와 보니 명퇴 얘기를 하고 있었다. 구조조정상 어쩔 수 없으니 누군가 명퇴를 해줘야 한다고 말이다. 그 당시 건강이 좋지 않아서 근무성적이 부진했던 나를 명퇴 적임자로 몰아서 의견일치를 보고 있는 것이 아닌가. 다급해졌다. 어떻게 해서 얻은 직장인데 명퇴로 끝을 낸단 말인가.

누구든 건강에 이상이 있을 수 있는 일이고 나는 이제 10년밖에 안 됐으니까 명퇴할 수 없다고 우겼다. 그렇지만 반응은 냉랭했다. 어제의 동료들이 아니었다. 내가 무슨 말을 하든 그들은 듣지도 않았고, 결론이 정해진 토의였을 뿐이다. 아무리 말을 해도 말이 잘 되어 나오지도 않았고, 호소할 수 없는 답답함으로 가슴을 쳤다.

살아야 한다, 나는 명퇴할 수 없다, 몸을 뒤채다가 깨었다. 얼마나 긴박한 상황이었는지 식은땀이 흐르고 있었다. 현실이 아닌 꿈이었기에 숨을 돌렸다.

꿈의 사전적 풀이는 잠자는 동안에 생시처럼 보고 듣고 느끼고 하는 여러 가지 현상을 말함이다. 묘한 것은 자신과 아무런 연관이 없는 것은 꿈에 잘 나타나지 않는 것 같다. 명퇴의 꿈만 해도 무려 8년 전에 겪었던 아픔이 조금 변형되어 나타났을 뿐이다. 하물며 요즘 직장에서 구조조정으로 밀려나지 않을까 노심초사하는 사람들의 심정은 어떠랴. IMF 이후 최악의 구직난이라고 신문들이 대서특필하고 있지 않은가. 밀려나는 것이 문제가 아니라, 한 번 밀려나면 다시 마땅한 직장을 얻기가 어렵다는 데 문제가 있다. 대졸 취업이 3명 중 1명꼴이라는데, 밀려난 사람이 취업할 곳이 있을 것인가.

모 재벌그룹 홍보실은 최근 직원 한 명을 뽑는데 1,700여 명이나 몰려 와서 깜짝 놀랐다고 한다. 우수한 대학을 졸업하고서도 작년 중반부터 취업원서를 30여 장 썼지만 아직 직장을 구하지 못했다는 경우도 부지기수다.

살아가는 일은 어려움을 헤쳐나가는 과정이 아닌가. 어려움 없이 갈 수만 있다면 바랄 것이 없지만, 맞닥뜨리면 헤쳐나가는 것도 삶의 큰 보람이라고 믿는다.

꿈속에서처럼 헤쳐나가지 못하는 어려움이 현실에선 없기를 바란다.

오늘 어두컴컴한 비날씨가 반드시 맑은 날이 되듯이, 희망을 가지고 묵묵히 어려운 시대를 이겨낼 일이다.

한계효용체감의 법칙

국가시험을 준비하느라고, 머리를 싸맸던 시절, 경제학은 별 재미도 없고 만만치 않은 과목이었다. 답답하면 방법을 찾는다고 했던가. 대학 시절 겨울방학을 이용해서 상경했다.

어려운 것을 쉽게, 이해가 되도록 설명한다는 것은 쉽지 않은 일이다. 상경해서 모학원에 적을 두고 경제학을 수강하기로 했다. 재미 없는 강의로 수강 의욕을 잃으면 어쩌나 하는 걱정이 앞섰다. 상경비용도 부담이 됐지만, 시간은 금이었기 때문이다.

E여대 Y교수의 경제학 강의는 20여 년이 지난 오늘 생각해도 쉬운 강의였다. 어려운 것을 쉽게 납득이 가게 했다. 비경제학도에게 친근하게 경제학을 접하게 했다.

그 중에서도 한계효용체감의 법칙을 설명하면서 예로 들었던 것은 지금도 선명하다.

"여러분, 쮸쮸바를 한 개 먹을 때는 어떻습니까? 시원하고 맛있지요. 두 개 먹으면 맛은 별로지만 그런 대로 먹을 만하지요. 세 개, 네 개는 어떻습니까? 쳐다보기도 싫지요. 그게 바로 한계효용이 체감되다가 제로가 되는 시점입니다."

한계효용체감의 법칙은 경제학의 소비이론에서 나온 말이다. 같은 종류의 재화를 소비할 경우에 추가로 얻어지는 욕망의 충족도, 즉 한계효용은 점차 줄어든다는 이론이다.

의식주 문제가 해결된 70년대 후반부터 사람들의 욕구는 다양해졌다고 본다. 또 그 다양한 욕구들을 충족시키려는 노력도 확대되고 있다. 지금 50대 이상의 사람들은 기억할 것이다. 흑백 TV가 채널과 프로그램에도 불구하고 그저 반갑기만 했던 시절이 있었다. 그러다 70년대 후반의 대학 시절이었다. 칼라TV가 등장했다. 다방에 종종 들렀던 것은 동료를 만나는 목적이 반, 칼라 TV를 볼 요량이 반이었던 것으로 생각된다. 그러던 것이 지금은 케이블 TV로 선택 가능한 채널이 수십 개나 되지만, 아무것도 안 본다. 밤 아홉 시 뉴스를 시청할 뿐이다.

욕망을 충족시키려는 계속적인 노력이 우리의 삶이 아닌가 생각해 본다. 그 욕망이 의식적이든 무의식적이든 욕망이 없는 삶은 무위일 것이기 때문이다. 또한 한계효용이 체감하시 않는다면 욕밍의 한계를 주체하지 못할 것이다.

어젯밤에 4년 반 가까이 아이들이 사용해 오던 컴퓨터를 신형으로 교체했다. 586컴퓨터임에도 인터넷을 설치하는 데 마땅치 않다고 해서다. 워드 프로세서를 익혀서 원고도 쓰고, 인터넷으로 각종 정보를 충족할 요량으로 컴퓨터 전문인 대학생 아들에게 모든 사항을 위임했다.

오늘 밤의 일이다. 학교를 끝내고 온 아들 딸이 성능이 좋은 새 컴퓨터 앞에서 좋아라고 여러 가지 기능을 점검 해보는 것이 아닌가. 문제는 컴퓨터가 내가 글을 쓰는 서재에 있다는 점이다. 조그만 책상 위에서 방바닥에 앉은 채로 원고를 쓰는 입장에선 눈앞의 컴퓨터와 아이들이 많이 불편할 수밖에 없다.

아, 나는 지금 한계효용체감에 대해서 쓰고 있지 않은가. 아이들은 새 컴퓨터에 대해서 한계효용이 최고치에 달해 있을 때다. 원고쓰기를 포기하고서 컴퓨터를 계속하라고 했더니, 딸애가 '역시 우리 아빠'라면서 환호한다.

초등학교 졸업 시에 담임선생님이 준 선물은 ≪추억집≫이란 문집이었다. 16절지 40페이지 문집인데, 마분지에다 등사판이었다. 36년 전 일이니 요즘처럼 컴퓨터 워드 작업과는 비교가 안 될 엉성한 작품이었다. 그러나 졸업 당시에는 고마움에 눈물까지 흘리는 여자애도 있었지만, 한계효용은 체감하기 마련이었다. 세월이 흐르면서 한계효용은 제로에 가까워지고 이사하는 중에, 잡동사니들을 정리하는 중에, 무심코 딴 쓰레기에 섞여서 처분된 것 같다는 등 ≪추억집≫을 보관하고 있는 동창생이 거의 없었다. 동창생 중 한 사람이 아쉽게 생각하고 지명의 나이에 복사본으로 되살려 보내 준 ≪추억집≫은 다시 한계효용의 가치를 알게 한다. 이제 부질없이 이사를 다닐 나이도 지났으니 ≪추억집≫의 효용이 다할 때쯤 생을 마감하는 날이 될 것이라는 생각을 해본다.

하늘의 뜻을 아는 나이이니 부질없는 욕망을 줄이고 기쁨으로 하루하루를 채워 가면서, 감사함으로 살 일 아닌가.

시계와 달력

아침에 눈을 뜨면 습관적으로 벽시계를 쳐다본다. 농부인 내가 시간을 꼭 지켜야 할 일은 없지만, 고등학생 딸을 등교시켜 줘야 하니 시계를 안 볼 수가 없다.

하긴 아침에 일어나서 시계를 처음 보는 것은 아니다. 소변 때문에 보통은 새벽에 한 번 깬다. 마루로 나가면서 시계를 본다. 달빛이나 가로등 불빛과 같은 희미한 밝음에 의지해서 몇 시인가를 확인하는 것은 어렵지 않다. 이때 시계를 보는 이유는 잠잘 시간이 얼마나 남았나 알기 위함이다.

20평의 조그만 집이지만, 방이 넷, 마루, 부엌이 있다. 곳곳마다 벽시계와 달력이 걸려 있다. 시계는 2~3분이 느리다 싶으면 배터리를 갈아줘야 한다. 요즘 시계는 값비싼 것이 아니더라도 고장이 많지 않은 편이다. 얼마 전에 폐기처분한 시계는 무려 20년 가까이 사용했으니 말이다.

여섯 개의 시계 중 두 개가 고장이 났던 일이 있다. 어느 곳의 시계가 덜 필요할까를 고심한 끝에 서재와 부엌의 시계를 없애기로 했다. 안방 정도에 시계가 하나뿐인 집도 많은데 크게 불편하랴 해서였다. 그런데 아니었다. 두 주일쯤 지나다 보니 불편함에 익숙해지기는커녕 불편이 대단했다.

서재에서 책을 읽거나 글을 쓰다가도 멀리 풀어놓은 손목시계 살피기에 급급했다. 글을 쓰는 책상 위에 풀어놓고 세워 놓으면 되지 않느냐고? 그렇게 하기엔 참 싫다. 무슨 시간에 쫓기는 대단한 사람이라고 톡톡 초침 돌아가는 것을 살피란 말이가. 살아가는 과정이 죽음을 향해 순간순간 다가가는 일이라고 생각들면 살맛이 없어지니 말이다. 시간을 알고 싶은 때 느긋하게 고개를 돌려 벽시계를 한 번 쳐다보면 그만이다.

부엌의 시계는 그런 대로 없어도 될 만했다. 하지만 아니올시다였다. 아내가 없는 시간에 밥을 해야 할 때가 꽤 있다. 압력밥솥의 꼭지가 딸랑딸랑거리면 정확히 50초를 계산해서 가스렌지를 꺼야 맛있는 밥이 된다. 조금 오래 두면 탄 밥, 일찍 끄면 설익은 밥이 되니 경험으로 알아낸 비법이다. 부엌에 시계가 없으니 마루에 있는 시계를 보기에 급급했다. 아내에게 퇴근할 때 벽시계 두 개를 사오라고 했다. 있어야 할 자리에 시계들이 있으니 마음까지 느긋해졌다.

시계 다음으로 날이 흐르는 것을 체크하게 되는 것은 달력이다. 어디서든 쉽게 볼 수 있는 것이 달력이지만, 사람에 따라서 활용도는 많이 달라진다. 가능하면 좋은 그림이나 사진이 있는 것을 택해서 집안 분위기를 살리려는 사람도 있다.

어느 집에 친목회 관계로 모임이 있었다. 행사 일정을 논의하려니 달력이 필요했다. 번듯한 큰 집에 달력은 왜 그리 귀한지, 여기저기 둘러봐도 눈에 띄질 않았다. 주인이 안방에 걸려 있는 달력 하나를 가져온다. 날이 가는 것을 아쉽게 마루에서 방에서 바라보고 싶지 않아서 그랬는지는 모르겠지만, 답답한 느낌이 들었다. 한 달이 일목요연하게 표시돼 있는 달력을 무심코 쳐다보기만 하는 중에도 새로운 계획이나 일정이 생각날 것도 같은데 말이다.

안방에 있는 달력에는 요모조모 중요한 행사를 적어 놓는다. 하루에 한두 번은 쳐다보게 마련이어서 약속이나 중요한 일 따위를 잊는 일이 없다. 잊기보다는 미리미리 일정을 조정한다. 경조사 등의 일을 피해서 농사계획을 수립하는 것은 기본이다.

연말이 돼서 달력의 날짜 부분만 오려서 접으면 훌륭한 한 권의 비망록이 된다. 5년 전부터 비망록으로 편철해서 서가에 꽂아 놨다. 자주 펼쳐볼 기회는 없지만, 어쩌다 한 번씩 들춰 보면 간단한 메모뿐이지만, 그때 일의 분위기까지 되살아날 때도 있다.

시계와 달력이 없는 세상에선 어떻게 살 수 있을까.

우리 집에는 시계와 달력이 어느 집보다 많지 싶다. 그런 의미에서 부자다.

시계와 달력 같은 사람이어야 한다.

그러나 시계와 달력 같은 사람이어서는 안 된다.

바람·돌·여자

육지부의 사람들에게 '제주' 하면 떠오르는 단어가 '삼다도'다. 초등학교 때부터 그렇게 배웠기에 익숙해졌을 것이다. 아마 제주를 달리 부르는 말은 어느 것이냐고 사지선다형 문제를 낸다면 틀릴 사람이 별로 없을 것만 같다. 제주처럼 많은 사람들이 알고 있는 다른 지방의 별칭을 나는 모른다.

삼다도란 말이 현재에 와선 딱 들어맞는 말이 아님에도 정감이 간다. 바람처럼 왔다가 바람처럼 가는 것이 인생이라고 했던가. 태어나서 지금껏 생활했고 뼈를 묻을 고향에 대한 애정과 함께 삼다三多는 기억될 것이기 때문이다.

1. 바람

'삼다' 하면 우선 떠오르는 것이 바람이다. 다른 사람에게 물어본 일은 없지만 나는 생각하는 것도 싫다. 제주에서만 지명의 나이까지 살아왔으면서 바람이라면 질색이다. 성장할 무렵 나이가 들면 제주를 떠나야겠다는 생각을 할만큼 바람은 싫었다.

어렸을 때 바람이 불기 시작하는 가을이면 운동회가 열렸다. 딴 아이들은 비오는 일이 없었으면 하고 바랐지만, 나는 바람이 불지 않았으면 하는 것이 희망사항이었다. 건조한 날씨에다 흙바닥의 운동장에서 달리기, 단체 경기 등이 열리면 온통 먼지투성이였다. 달리기에서 늘 꼴찌였던 터여서 먼지 범벅이 되는 운동회가 신났을 리가 없다. 달리기에서 1등을 한 아이야 제주바람이 흙먼지를 한 줌씩 안겨줘도 싫은 기색이 없었다. 운동이라면 도대체 소질을 발휘하지 못했던 아이에겐 기가 죽고 바람이 원망스러울 수밖에 없었다.

제주의 바람을 잘 모르는 사람들은 겨울에도 따뜻하리라고 생각한다. 겨울에도 영상 5도 이상은 보통이니까 그렇다. 바람이 없는 날은 따뜻한 것이 사실이다. 그러나 바람이 불면 영상 5도의 날씨이지만 체감온도는 영하 5도나 10도쯤 될 때가 많다. 겨울에 볼일로 서울엘 다녀오면서 느낀 경험이다. 겨우 0도쯤 돼서 찬바람이 쌩쌩 몰아치면 서울의 영하 15도쯤과 맞먹는다. 너무 추워서 웬만하면 외출을 삼갈 정도다.

3월 중순, 서울을 다녀온 목사님이 바람 때문에 제주를 떠나고 싶단다. 서울이 고향이면서 10년 넘게 제주에서 목회를 해 온 목사님에게 처음 듣는 말이다. 3일간 서울에 있는 동안은 괜찮았는데, 제주에만 오면 바람 때문에 알레르기성 비염이 재발한다는 것이다. 언제부터인가 연례행사로 중국의 황사가 날아오면 바람과 더불어

참으로 성가시다.

항공기가 착륙을 시도할 때쯤 눈 아래에 펼쳐지는 것은 감귤원이다. 구획마다 휘출한 삼나무로 둘러싸여 있는 것을 이내 알게 된다. 30년쯤 전에 제주에 감귤 붐이 일기 시작하면서 방풍림으로 심어놓은 것이다. 감귤원을 하려면 나무가 바람에 시달리지 않게 방풍을 잘해야 된다고 해서다. 감귤나무는 성목이 되면 웬만한 바람에는 감귤나무끼리 자체 방풍이 된다. 이제는 사오십 미터의 높이로 자라버린 삼나무가 햇빛을 가려서 감귤원의 애물단지가 되고 있다. 촘촘히 심어 놓은 삼나무를 베어내는 일이 보통 작업이 아닌 때문이다. 햇빛을 잘 받지 못한 감귤나무에선, 저품질의 감귤이 생산될 수밖에 없다. 궁여지책으로 방풍수 가까이 심어진 감귤나무 한 줄을 베어내서 작업로를 충분히 확보한다.

바람이 없었으면 방풍수는 아예 필요 없었을 것이다. 방풍수가 시야를 가리지 않으니 끝없이 펼쳐지는 감귤원은 장관이었을 테고 말이다. 또 광풍은 어떤가. 태풍 말이다. 제주는 지리적으로 태풍이 지나는 길목이어서 일 년에 열다섯 번 정도는 태풍 정보를 접한다. 두세 번 정도가 직간접 영향을 미치는 태풍인데, 바람에 시달리는 제주인으로서는 가슴 졸인다. 작년에도 '프라피룬' 태풍은 가슴을 서늘하게 했다. 슬레이트 지붕이 그대로 홀딱 날아가고, 트럭이 뒤집어지는 광풍은 일부 지역을 아수라장으로 만들었다. 잊히지 않을 공포였다.

3월 말이 모레인데도 유달리 바람이 불고 차가운 날이었다. 감귤원에서 작업을 하다가 일찍 일을 끝냈다. 차고 강한 바람은 일을 계속하게 하지 않았다.

바람 때문에 제주를 떠나고 싶다는 생각을 체념한 지 오래지만, 무더운 여름 날의 한 줄기 바람을 생각해 본다.

2. 돌

제주의 어디를 가나 눈에 띄는 것이 돌이다. 삼다 중의 바람은 만성이 돼서 그러려니 하지만, 돌은 눈에 보이기 때문에 참 많다는 느낌을 지울 수 없다.

가장 거칠고 쓸모없는 것 같은 돌이지만 선인들은 잘 이용하는 지혜로움을 보였다. 밭담, 산담, 성, 건축자재, 심지어 공예품인 돌하르방 등 쓰임새가 다양하다. 하찮은 물건이 아니라 제주에서는 없어서는 안 될 물건이다.

아버지가 새로 농토를 구입했을 때 밭에 가 보니 자갈이 지천으로 널려 있었다. 농사를 지으려면 저걸 다 치워야 하는 것이 아닌가 하고 지레 겁을 먹었다. 그런데 그게 아니란다. 그 자갈들은 '지름자갈'이라고 해서 치우기는커녕 있어야 좋은 것이라고 하셨다. 농사짓는 밭에 그 많은 자갈들은 기름져서 곡식들을 잘 키운다는 뜻으로 하는 말이었다.

한편으론 그 자갈들이 없이 밋밋한 흙뿐인 농토라면 제주 바람에 온전히 남아날 리가 없을 것 같다. 수없이 많은 자갈 하나하나조차도 다 쓸모가 있구나 하는 생각을 했었다.

제주의 어디를 가나 밭이나 감귤원의 경계는 밭담으로 되어 있다. 밭담으로 둘러쳐진 구역이 바로 한 필지의 토지가 되고 있음을 본다. 육지부에서는 어떤지 살펴볼 기회가 없어서 모르겠지만, 돌을 잘 이용한 지혜다. 또한 바람 많은 제주에서 바람을 막아내는 구실까지도 한다.

제주의 돌담은 우툴두툴한 것이 자연 그대로이다. 이것들을 쌓아서 밭담을 두르는 데도 하나의 묘기다. 언젠가 텔레비전에서 동전 높이 쌓기를 겨루는 것을 보았지만, 그 조심스러움에 비견된다고나 할까. 한 줄로 돌 위에 돌을 올려놓고, 계속 이어가는 담쌓기는 묘기가 아니라 기술이다. 중간중간에 구멍이 숭숭 뚫리고 얼핏 봐서는 위태롭지만 그것이 바람을 걸러내어서 담이 무너짐을 막아내고 있다. 그래선지 태풍에도 그 밭담들이 전부 무너졌다는 소릴 들은 적이 없다.

작년의 일이다. 며칠간 내리 퍼부은 폭우로 감귤원의 경계인 둑과 담이 무너져 내렸다. 높이 1.5미터, 길이 3미터 정도의 만만치 않은 작업이었다. 둑쌓기는 밑에 잔돌들을 이용해서 기반을 다진 다음 그 위에다 어른이 겨우 들 수 있는 큰돌을 올려놓는 작업이다. 약간의 기술을 요한다. 힘만 믿고 억지로 일을 하다기는 안전사고의 위험마저 있다. 우리끼리 할 수 있는 일인가 전문 일꾼에게 맡길 것인가를 고심했다. 결국 할 수 있는 데까지 해 보기로 하고 어머니, 동생과 셋이서 일을 시작했다. 돌 쌓는 일엔 전혀 문외한이었지만, 제주에서 살면서 익혀 둔 눈썰미는 있었다. 무려 다섯 시간 가까이의 힘든 작업 끝에 복구는 완성되었다. 올망졸망한 돌들이 가지런하게 정렬되면서 하나의 예술품을 보는 느낌이었다. 서두르지 않고 정성을 들이면 된다는 것을 그 돌들은 마치 웅변으로 가르쳐 주는 것 같았다.

제주의 야산으로 나서면 묘지가 쉽게 눈에 띈다. 한 세상을 마무리한 사람들의 유택을 위한 산담이 숙연한 모습으로 다가온다. 무덤을 두르고 있는 이 고장만의 독특한 산담은 외지인들에게는 특이한 느낌을 준다. 산담은 옛날엔 방목하는 소들의 뿔이나 발길질로부터 무덤을 보호하고 방화를 막는 목적이 있었던 것으로 알고 있다. 그 당시엔 산담도 무덤과 불가분의 구조물이었던 것 같다. 무덤의 주인의 권세를 나타내는 상징처럼도 느껴진다. 족히 네댓 트럭은 더 될 큰 돌들을 어디서 날라 왔을까. 좋은 도로도 트럭도 없었을 시절에 말이다. 아무튼 산담으로 잘 에우른 양지바른 곳의 무덤을 바라보노라면 '나 한 세상 애써 살았고 이제 여기 평안히 누워 있노라.' 하고 말하는 것 같다.

이제 예전의 투박한 돌하르방 모습은 찾아보기 힘들어졌지만, 돌하면 돌하르방을 떠올리지 않을 수 없다. 돌하르방은 어렸을 적 처음 봤을 때부터 그 해학적인 표정이 인상적이었다. 우수한 조각기능을 인정받는 훌륭한 조각품이다. 그 당시에 무슨 목적으로 돌하르방을 조각했는지는 알 수 없지만, 후대에 각광을 받으리라곤 미처 몰랐을 것이다. 이제 관광객들에겐 돌하르방 하면 바로 제주를 연상하게 되었으니 말이다.

일부 관광지에는 돔형의 돌탑을 쌓아 놓은 것을 어렵지 않게 볼 수 있다. 작위적인 냄새가 물씬 풍기는 것이 볼썽 사납다. 어렸을 때는 구경조차 해 본 일이 없는데 언제부터인지 그 돌 무더기가 제주 돌의 이미지를 깎아내리는 것 같다.

제주에 돌이 지천으로 많다고 해서 쓸모 없는 돌은 하나도 없다. 요모저모로 쓰이기 위해 있을 뿐이다. 문득 사람 세상도 제주 돌의 가치만큼만 쓰임새 있게 산다면 덜 피곤한 세상이 될 것이라는 생각을 해 본다.

3. 여자

제주에 여자가 많다는 것을 그냥 통계상의 숫자로 믿는 사람들이 있다. 남녀 성별은 인위적으로 가능하지 않은 일인데 유독 여자가 많을 리가 없다. 통계적으로도 여자가 조금 많긴 하지만 의미를 부여할 만큼 많은 숫자가 아니다.

제주에 여자가 많다는 것은 옛날부터 활동적이고 근면성이 강조된 표현이다. 우리의 어머니나 할머니들을 아무도 가정주부라고 하지 않았다. 남자와 똑같이, 시간 활용적인 면에서는 남자보다 더 열심히 일하는 것이 여자였다. 집안 일을 주로 하는 가정주부라는 개념 자체가 생소했다. 남자와 똑같이 밭일을 했고 감귤원의 일을 한다. 실세로 질병으로 사고로 남편을 사별하면 혼자 어처스레 받일을 한다. 밖의 일을 함께 함으로 유난히 여자가 많이 눈에 띄었을 것이다.

우리 어머니들은 출산 후 3일 만에 애기구넉을 시고 밭일을 나갔다. '구덕'은 바구니란 뜻의 제주 방언이다. 애기구덕은 아기를 눕혀 재우는 바구니로 대나무로 짠 것이다. 갓난아기부터 세 살 무렵까지 이 구덕에서 키웠다. 제주의 어머니들은 한가하게 집에 앉아 아이를 돌볼 여유가 없었다. 밭에 나갈 때도 애기구덕을 등에 지고 나섰다. 애기구덕을 밭 언저리에 놓아두고 일을 했다. 아기가 울면 달려가서 젖을 먹인 뒤에 애기구덕을 흔들어 재웠다.

집에서도 한 손이나 발로 애기구덕을 흔들면서 집안일을 했다. 제주 여인들의 부지런함과 활동성을 그대로 보여주는 예라 하겠다. '웡이 자랑 웡이 자랑 우리 애기 재워도라….' 했던 어머니의 자장가가 오십 년 세월이 흘렀어도 들리는 듯싶다.

제주의 상징인 해녀에 대한 기억도 새롭다. 얼마 전 지역 신문의 보도에 따르면 해녀의 숫자가 줄어들고 노령화가 심각하다고 한다. 이삼십 년 후에는 없어질 것으로 예상하고 있다. 어느 마을에서는 옛날에 러시아의 블라디보스톡까지 해녀가 진출했었다. 대단한 억척스러움이다. 해녀 작업의 필수인 바닷속으로 자맥질하기 위해선 8킬로그램 정도의 납봉을 허리에 차야 한다. 쉬운 작업이 아니라 대단히 고된 작업이다.

지금도 도내에는 6천여 명의 해녀가 있다는 통계다. 대부분 50대 이상의 연령층이어서 20여 년 후에는 해녀가 사라질 운명이다. 바닷속 3미터까지 자맥질하여 들어가서 소라나 전복 등속을 따내는 일은 생사가 왔다갔다 하는 고통 없이는 불가능하다. 삶에 대한 치열한 정열이 없었으면 선불리 물질에 나서질 못했을 것이다. 파도와 싸워 이기는 강인한 해녀의 삶의 정신이 오늘까지 제주 여인들에게 이어진 것이라는 생각을 해 본다.

제주 여인들은 육지부의 여인들에 비해서 좀 투박한 편이라는 얘기를 들을 때가 있다. 남자와 똑같이 일하고, 거센 바람과 거친 밭에서 일하는 동안 고단한 삶을 극복하는 외에 딴 신경을 쓸 겨를이 없기 때문이 아닌가 한다. 나긋나긋한 정 따위는 간지러운 얘기일 뿐이다. 음절이 축약되는 제주어의 특성상 사투리는 대화에서도 투박하다는 인상이 한몫하는 것은 아닐까.

누가 뭐래도 고난한 삶을 함께 극복해 가는 제주 여자에 정이 간다.

세월의 흐름에 따라 모든 것이 변해가지만, 바람 · 돌 · 여자는 제주를 특정짓는 것으로 영원할 것이다.

바람, 돌은 여러 가지 적합하지 못한 농업환경에 처하게 했지만, 그로써 생활의 비참함에 머무르지 않았다. 그 한계를 극복하고 살아남는 방법에 진력했다. 그 과정에서 제주 여인들은 가정주부의 역할로, 거친 밭을 일구는 동업자로 눈부신 역할을 했다. 통계상으로 그렇게 많지 않음에도 불구하고 여자가 많다고 인식지워질 만큼 말이다.

경제가 어렵다고 아우성이다. 거친 바람과 돌짝 밭을 일궈온 제주인들은 요즘의 어려움도 잘 극복히리라 믿는다.

봄인데도 바람결이 쌀쌀하다.

제3부

불 꺼진 집에 불이 켜지는 보람

내려오는 길

새벽의 산행은 언제나 산뜻하다. 남들이 잠자는 이른 새벽에 산행에 나설 수 있다는 것은 몸과 마음이 건강하다는 징조다. 산에서 맞는 아침은 산뜻한 기분이 될 수밖에 없다.

오랜만의 고근산 오름 산책이었다. 보름 가까이 계속되는 감귤원 작업 끝이라 상당한 피로가 쌓여 있었다. 그럼에도 산에서 맞는 아침의 산뜻함을 잊지 못해서 산행을 감행한 것이다.

3월의 새벽 다섯 시 반, 여명이 깔린 시간에 집에서 출발했다. 속보로 걷는다 해도 왕복 한 시간 반이 걸린다. 높이가 396m인 고근산 오름은 마을 뒤편에 자리잡고 있어서 꽤 많은 사람들이 운동 코스로 이용하고 있다. 철도의 폐침목 1,100여 개를 이용해서 정상까지 9백여 개의 계단으로 어렵지 않게 오를 수 있도록 돼 있다.

10분 정도면 9백여 계단을 쉬지 않고 모두 오를 수 있었는데, 오랜만이라 쉽지가 않다. 운동부족에다 농작업으로 피로가 쌓여 있으니 쉬울 리가 없다. 힘이 부치는 대로 서너 차례씩 쉬면서 올라갔다.

오랜만의 산행길에 눈에 띄는 것이 하나 있다. 가로등이다. 태양광을 이용한 자가발전의 가로등이 네댓 개 설치돼 있다. 희미한 불빛이지만 어두컴컴한 새벽의 산길을 비추는 데는 그만이었다. 월드컵 준비로 자그마한 데 신경을 쓸 형편이 못 되는 시에서 참 잘했다는 생각이 들었다. 폐침목 계단으로 산책로도 만들고 자연보호에도 한몫하면서, 이제 고근산은 많은 사람들의 사랑을 받고 있다.

지친 몸을 이끌고 어렵게 올라가고 있는데 내려오는 사람들이 부럽다. 도대체 몇 시에 잠자리를 털고 일어나서 산행을 한 사람들일까. 여러 가지 상념에 잠기면서 올라가고 있는데, 갑자기 따닥따닥 경쾌한 소리가 들린다. 고개를 들어 쳐다보니 내려오는 노인의 지팡이 끄는 소리였다. 올라갈 때는 힘겹게 짚고 올라갔을 테지만, 내려오는 길은 지팡이 소리도 경쾌하게 가볍고 빠른 걸음이었다. 운동으로 다져진 건강인 것 같았다. 노인의 활발한 발걸음이 지치게 오르는 길을 가볍게 한다. 나도 내려올 때는 심신이 가볍겠거니 하고 말이다.

좁은 길을 땀이 나도록 오르면서 여러 가지 상념에 잠긴다. 새벽이니까 머릿속이 맑은 상태여서인지 의외의 글감이 떠오를 때가 많다. 새벽운동을 하는 다른 사람에 비해서 추가로 얻는 덤이다. 일부러 글감을 짜내느라고 고생하지 않아도 자연스럽게 떠오르니 기분이 썩 좋을 수밖에 없다. 발걸음을 떼면서 떠오른 글감을 소화시키는 재미도 새벽운동의 묘미다. 매번 그런 기회를 잡을 수 있는 것은 아니지만, 뭐 좋은 글감이라도 떠오르지 않나 하는 기대를 갖는 것만으로도 좋은 일이다.

드디어 9백여 개의 계단을 다 오르고 정상에 섰다. 멀리 보이는 서귀포 시내의 깨어나는 불빛들이 삶의 생동감을 말해주는 듯하다. 정상에서는 하늘이 낮아 보인다. 그 높은 하늘에 불과 4백여 미터 차이가 모래 한 알의 차이만도 못하겠지만, 착각은 때로 좋은 것이다. 1km쯤 되는 분화구 둘레는 평지다. 숨을 고르면서 내려갈 준비를 한다.

사람들은 내려온다는 기대 때문에 산을 오르는 것은 아닐까. 올라가는 길에선 계단이 촘촘한 곳에서 한두 계단 건너 발을 옮기는데 무리가 없다. 그렇지만 내려오는 길에선 그것이 가능하지 않다. 촘촘한 계단이라도 한 계단씩 내려와야지 건너 디디려고 했다가는 골절상을 입기 십상이다. 올라갈 때보다는 내려올 때 조심하라는 자연의 가르침이겠지.

내려올 때는 밑에서 올라오는 사람들을 살피기 쉽다. 새벽 운동이나 산책을 나오는 사람들은 대개가 같은 사람들이다. 누군지 수인사 한 번 한 일 없지만, 얼굴이 익숙한 사람들이다. 아는 사람들도 몇 만나게 되는데 반가운 마음으로 인사를 나눈다. 오늘은 그 좁은 길에 꼭 애완견을 데리고 다니는 여자가 안 보이니 좋다. 진입로 입구 쪽으로 내려올 때쯤이면 만나는 40대 후반의 부부가 있다. 속에 뭣이 들었는지는 모르겠지만 산에 간다고 꼭 배낭을 지고 다닌다. 두발 형태도 꼭 교도소에서 갓 출소한 것처럼 하고 다닌다. 수인사를 한 일이 없으니 어디에 사는 누군지 전혀 모른다. 오늘은 어찌 안 보인다 했는데 평소보다 좀 늦게 출발한 모양이다. 그런데 신기하게도 배낭을 매지 않고 다른 산책객들 차림 그대로였다. 스쳐지나가는데 진한 화장품 냄새가 풍기는 것이 아닌가. 제 딴에는 신경써서 바른 화장품인지 향수였을 테지만, 역겨운 냄새였다. 남자가 화장품 냄새를 풍기는 것에 딱 질색이어서, 상쾌한 아침 기분에 흠을 남긴다.

내려오는 길, 지명의 나이이니 이제 내려오는 나이임을 문득 깨닫는다. 고근산 산책로에서도 등산보다 하산 시에 조심해야 하지 않았는가. 올라갈 때는 촘촘한 계단을 한두 계단씩 건너 디뎌도 무리가 없었다. 내려올 때는 같은 방법이 가능하지 않았다.

이제 무엇을 벌여 갈 나이이기보다 내려오는 나이이다. 내려오는 길의 계단에서 조심하듯이 마무리를 잘해야 할 일이다.

물

감귤원 일을 마치고 집에 들어서면 우선 냉장고의 시원한 물부터 한 잔 마신다. 정수기를 통하거나 하지 않은 그냥 수돗물이다.

물의 수질이 비교적 좋다고 하는 서귀포에서도 정수기를 비치해 놓고 있는 가정이 많다. 수돗물의 상태가 예전보다는 좋지 않다는 증거이다. 수돗물을 받아놓고 보면 미세한 모래나 이물질이 눈에 띌 때도 있지만, 지나친 청결주의는 오히려 건강을 헤친다는 생각이다. 계란, 돼지고기, 닭고기 등을 콜레스테롤 어쩌고 하면서 입에 대지 않는 사람을 본다. 건강염려증도 병 중에는 큰병이구나 하고 오히려 걱정이 된다.

우리 몸의 60%는 물이다. 그래선지 잘 마시면 보약보다 낫다고 한다. 가끔 여행을 하게 되는데 대한항공의 기내용 물은 삼다수三多

水다. 제주의 조천에서 생산한 지하수다. 커피, 오렌지 주스, 콜라 등이 있음에도 물을 찾는 손님도 여럿임을 보게 된다. 여러 가지 음료가 사람들의 욕구를 채우지만, 수천 년을 두고도 변치 않을 것은 오로지 자연의 물이라는 생각이 든다.

여행에서는 특히 물갈이 배탈에 조심하게 된다. 꼭같은 물이지만 그게 아닌 모양이다. 한동안 신토불이란 말이 유행처럼 사람들의 입에 오르내렸지만, 물이야말로 신토불이인 것 같다. 아무래도 고향의 물맛이 최고다.

중학교 시절, 한라산 등반 때였다고 생각된다. 미리 물을 충분히 준비하지 못했고 동료들도 마찬가지였다. 내려오는 길인데도 갈증이 생기기 시작하자 참을 수가 없었다. 거의 하산을 완료했을 때야 냇가가 나타났다. 물이면 됐지 깨끗한 물이고 아니고를 가릴 겨를이 없었다. 소처럼 물가에 엎드려서 후루룩 물을 빨아들였을 때의 물맛을 잊지 못한다. 갈증의 고통도 얼마나 큰 것인지 그 때 알았다.

30여 년 전만 하더라도 고향에선 논구석에서, 길옆에서 솟아나는 용출수를 어렵지 않게 볼 수 있었다. 어디 어디에 그런 용출수가 있었는지도 꿰뚫듯이 알고 있었다. 어디에서 솟아나는 물이건 눈으로 봐서 깨끗하다 싶으면 그것이 음용수였다. 그런 물을 마시고 탈이 생겼던 경험이 없으니, 그때는 오염이니 세균이니 하는 말을 몰랐다. 논 옆의 웅덩이에서 솟아나는 물은 얼마나 깨끗해 보였던가. 섯서호리 지경의 길옆에서 솟아나던 용출수는 얼마나 달고 시원했던가. 그 용출수는 가뭄에는 솟아나지 않는 경우가 있었다. 모처럼 물을 마실 요량으로 찾아갔는데, 물이 솟아나지 않았을 때의 아쉬움이란 아무것에도 비할 바가 아니었다.

작년의 무더운 여름이었다. 주변에서 일을 하던 인부가 찾아와서 몹시 갈증을 느끼는지 물 한 컵만 달라고 했다. 냉장고의 삼다수 한 병을 꺼내 줬다. 수돗물을 담아 놓은 것에 불과한데도 물맛이 좋은 모양이었다. 고맙다는 표현 강도에서 그 물맛과 시원함을 알 만 했다.

삼다수 한 병은 0.5리터 큰 컵으로 두 컵 분량이다. 삼다수를 사서 마시는 것이 아니라 그 용기만 빌려서 사용하고 있는 셈이다. 아침에 일어나면 우선 물 한 컵 정도를 마시는 것으로 하루를 시작한다. 삼다수 용기에 수돗물을 채워서 몇 시간 두면 불순물도 가라앉고, 물맛이 참 좋다.

지방신문을 보니 글을 쓰는 오늘 3월 22일이 '제9회 세계 물의 날'이란다. 물 소비량이 10년마다 갑절씩 늘어나고 있다는 보도다. 언제부터 '물의 날'도 제정됐는지는 모르겠지만, 생명의 근원으로 통한다.

제주의 수자원은 거의 지하수에 의존해 왔다. 그래서 지하수는 곧 제주의 생명이요 제주의 버팀목이나 마찬가지다. 그동안 무분별하게 파헤쳐진 지하수가 이제는 무한정 쓸 수 있는 자원이 아님을 경고하는 수순까지 왔다.

제주의 자랑이자 생명수로 통하는 지하수는 맑고 깨끗한 물일 때만 의미가 있다. '갑인년 흉년에도 먹다 남은 게 물'이라는 지역의 속담도 있지만, 당치 않은 소리가 될 날도 멀지 않은 것 같다.

그릇의 모양대로 담기고 부딪히면 도전이 아니라 흐르는 유연함을 생각한다. 냄새도 없고, 오래 마셔도 질리지 않는 물의 고마움을 생각한다.

세상 어렵더라도 변치 않는 물맛처럼, 물처럼 살 수 있었으면 하는 희망을 갖는다.

기분 좋은 착각

건강하기만 하면 산다는 것은 끝이 없는 것처럼 착각한다. 신문을 보다가 아는 사람의 부고를 볼 때 그런 착각에서 문득 깨어난다. 어떻게 보면 하루하루 끝을 향하여 맹렬하게 치닫고 있음에도 불구하고 그것을 의식하는 사람은 없다. 컴퓨터 시대라 엄청난 자료의 홍수 속에 살면서도 그런 자료가 짐이 되지는 않는다. 각자에게 필요한 만큼만 챙기면서 살면 그만이기 때문이다.

착각은 실제와는 다른데 실제처럼 깨닫거나 생각하는 것이다. 컴퓨터가 아무리 발달되어도 인간의 두뇌를 따라가지 못 한다는 글을 읽은 적이 있다. 인간은 생각하는 동물이라는 조물주가 준 특권을 갖고 있기 때문이다. 컴퓨터도 오류가 있을 수는 있지만 착각하지 않는다.

불완전한 것이 사람의 영역이므로 때론 착각도 하게 된다. 착각이 좋은 것이라고 말할 순 없어도 기분 좋은 여유가 될 때가 있다. 바쁘게 살다 보면 생각의 여유를 갖기 힘들 때가 많은데 착각은 잠시 그 여유를 제공한다.

밤 아홉 시면 백화점에서 퇴근하는 아내를 데리러 정기적으로 다닌다. 아홉 시 무렵의 시내 교통이 혼잡하므로 정차하기가 쉽지 않다. 시내 중심이 왕복 2차선 도로인 때문이다. 그래서 아홉 시에 만나기로 한 장소에 정확히 정차를 하는 편이다. 어느 날은 책 읽는 데만 정신을 팔고 있었다. 시간을 보지 않은 지 꽤 됐다고 생각하면서 벽시계를 쳐다봤다. 이런, 분침이 50분을 가리키고 있지 않나. 급히 집을 나섰다. 시내의 예정된 장소에 도착해 보니 아내는 기다리고 있지 않았다. 어쩐지 느낌이 이상했다. 자동차의 시계를 보니 예정된 시간에서 한 시간이나 남았다. 집에서 분침만 보고, 예정 시간이 된 것으로 착각한 것이었다. 추리닝 차림으로 나섰으니 주차해 두고 기다릴 수도 없는 형편이었다. 착각을 깨닫는 순간 차를 돌려서 다시 집에 올 수밖에 없었다. 착각 때문에 불쾌하기보다는 괜찮은 기분이었다.

잘못 아는 것하고 착각은 분명 다른 것이다. 그럼에도 일상에선 혼동하게됨을 본다.

어느 변호사의 ≪법 이야기≫를 읽었다. 죄형법정주의에 대한 것이다. '아무리 문제가 있는 행위라 하더라도, 법이 그 행위를 범죄로 규정하고 있지 않는 한 국가는 그 사람을 처벌할 수 없다.'는 원칙을 말함이다. 어떤 사람이 정년퇴직을 하고 그 퇴직금을 가지고 사업을 하려 했다. 사기에 휘말릴 것을 염려한 그 사람은 자기 형을 검사로 소개했고, 형은 동생을 돕는다는 생각에서 자신을 검사라고 했다.

그 형은 분명히 공무원의 자격을 사칭한 것이 되는데 처벌받게 되느냐는 물음에서, 답은 아니올시다 였다. 공무원의 자격을 사칭한 것만으로는 부족하고 반드시 사칭한 공무원의 직권까지 행사해야만 죄가 되는 것으로 법은 규정하고 있기 때문이란다.

없는 자격을 사칭한다는 것 자체가 큰 죄나 되는 것처럼 대부분의 사람들이 잘못 알고 있다. 그러다 보니 적절한 때에 농담도 제대로 못한다. 어쨌든 사칭이 좋은 것이 못 되니 잘못 알든 착각이든 않는 것이 좋을 것이다.

복잡한 세상 살면서 우리는 혼자만 기분 좋은 착각 속에 살고 있지는 않나 생각해 본다.

웬만한 여자라면 거울을 보면서 자기가 미인이라고 착각할 것이다. 다른 사람으로부터 미인이라는 칭찬을 종종 들었던 사람은 미스코리아라도 된 듯이 착각할 것이다. 나쁠 게 하나도 없다. 화장도 정성들여 하게 되니 플러스 알파이고 생활에 신명이 날 것이다. 안 되는 일도 잘 풀릴 것 같은 근거 없는 예감도 갖게 되고 말이다.

남자다운 남자라는 착각은 또 어떤가. 어렸을 적부터 남자는 남자다워야 한다고 교육을 수백 번도 더 받으면서 성장하지 않았는가. 다른 것을 다 잘해도 남자답지 못하다는 평을 들으면 별로 환영받지 못한다. 사실 남자답다는 한마디에는 엄청나게 많은 요소들이 포함돼 있다.

대부분 남자다운 남자라는 착각 속에 살면서 일에 도전한다. 안되는 것도 남자이기 때문에 할 수 있다고 믿는다. 아무리 어려운 일에도 눈물을 흘리지 않는다. 일에 정신없이 매달려서 힘을 쏟다가 술에 시달리는 위장도, 모자라는 잠도 보충할 시간이 없다. 정신력으로 이겨낼 수 있다고 믿는다. 착각이다. 착각 속에 일에 매진하는 남자가 아름다운 것을 어쩌랴. 그것도 착각이다.

'나는 이만하면 이 세상에서 쓸 만한 사람이다.' 라는 것도 가장 큰 착각이 아닐까. 그 자신으로서는 가장 기분 좋은 착각일 터이다.

착각도 정도를 넘지 않으면 생활의 활력소요 윤활유라는 생각을 해 본다.

라면과 보통사람

잘난 사람이든 못난 사람이든 사람은 먹어야 산다. 그래서인지 먹거리에 대한 한두 가지 추억쯤은 누구에게나 있게 마련이다.

지금 50대 이상의 보통사람들에게는 먹을 것이 귀했던 경험들을 갖고 있다. 그런 시절을 얘기하는 아버시들을 신세대는 이해할 수 없는 것이 당연할지도 모른다. "학교 갔다 와 보니 밥도 없고 어머니도 없어서 배고픔을 참느라고 물만 먹었다."고 하는 아버지의 말에 "에이, 아버지두, 라면이라도 끓여 먹지…." 했다는 누구의 얘기가 생각난다. 그러니 통할 수가 없지, 라면이 어디 있었나.

라면은 오래 전부터 밥을 대신하여 끼니를 때우는 음식으로 자리 잡았다. 38년 전인 1963년 9월에 삼양식품에서 100그램 한 봉지에 10원 하는 라면을 출시한 것이 국내 라면의 시작이라고 한다. '97년

한 사람이 평균 84개를 소비했고 총소비량이 38억 개, 차곡차곡 쌓는다면 에베레스트 산의 높이와 비슷하다나. 정부가 비상사태 때 관리하는 쌀, 휘발유 등 12개 생필품 속에 포함된다니 라면이 차지하는 비중을 알 만하다.

내게도 라면의 시작은 중학교 1학년 때로 거슬러 올라간다. 30여 년의 애호가인 셈이다. 한 시간을 걸어서 통학하던 시절에 그 맛있다는 신기한 라면 한 개를 사 가지고 집에 왔다. 배가 고프니 양을 많게 하려고 솥에서 물을 끓였다. 물이 많아서 왕소금으로 간을 맞추고, 처음 먹어본 라면은 정말 별미였다. 용돈이 거의 없었으니 라면이 맛있다고 아무 때나 먹을 수 있는 음식은 아니었다.

라면에 얽힌 사연은 아무래도 군대 시절을 빼고는 얘기가 안 될 것 같다. 근무처가 모부대 수송부였다. 군대는 원래 '군용'이라고 찍힌 것 이외의 사회 물품은 마치 질 좋은 외국산 물품을 대하듯 하게 마련 아닌가. 고참 병사들은 부대 밖으로 운행 시에 새로 출시된 라면을 들여왔다. 그런데 비 오는 날 쉬는 틈을 타서 그 라면을 끓여 오라는 것이다. 비 오는데 밖에서 어떻게 라면을 끓이느냐고 의아할 것이다. 수송부에서는 세차 등으로 쓰고 난 폐경유가 있었다. 부대 주변의 공터에서 소나무 삭정이를 주워다가 폐경유를 붓고 반합에서 라면을 끓이는 것은 어렵지 않은 일이었다. 내무반에서 편히 쉬던 고참 사병은 라면이 풀어졌느니 뭐했느니 싫은 소리나 말면 좋지 국물도 먹어 보라고 안 했다. 정말 지금 생각하기에도 싫은, 눈물도 국물도 없는 사람들이었다.

일주일에 한 번 정도의 군대 라면은 찐 라면이었다. 식사 시간에는 길게 줄을 서게 마련이니 라면의 특성상 끓인 라면이 적합치 않다. 줄을 서다 보면 수프 국물을 부어 봐야 이미 식은 것이다. 면발이 익기는커녕 잘 풀리지도 않은 것을 맛있게 먹을 수 있었던 것은 오로지 무난한 식성 덕분이었다. 휴가차 고향에 와서 소원이던 끓인 라면을 한 번에 두 개씩 먹어보니 그렇게 맛있을 수 없었다. 라면은 상황에 따라서 맛이 달라지는 특성이 있는 것 같다.

라면을 참 많이도 먹었던 때가 군 제대 후 복학해서 자취 시절이었다. 엎드리면 코가 닿을 가까운 곳에 자취방을 얻은 것은 지금 생각하면 잘못이었다. 대학의 정문에서 불과 백오십 미터쯤 떨어진 거리였으니 말이다. 아침이나 저녁도 급하면 라면이었는데, 점심은 백프로 라면이었다. 동료들이 점심 시간이면 어김없이 찾아왔기 때문이다. 라면을 끓여먹는 것은 좋은데 설거지는 내 차지였다. 세제를 사용하지 않고서는 그릇이 잘 닦이지도 않는 설거지가 얼마나 귀찮은지 몰랐다. 혼자만 사용하는 밥그릇은 깨끗이 먹고 하루 이틀쯤은 그대로 사용할 때였으니 더 무슨 말이 필요하랴. 결국은 자취를 그만두고 식당을 이용하게 되는 계기가 되있다.

라면을 애용한 지 30여 년이 흘렀으니 물릴 만도 한데 아직은 아니다. 아내가 백화점에서 장사를 하는 관계로 혼자 점심, 저녁을 해결할 때가 많다. 점심 정도는 밥보다 라면으로 주로 해결하지 않았나 싶다. 밥은 반찬을 챙겨야 하지만, 라면은 김치만 있으면 간단히 해결된다. 집에서 가끔 소주 한 잔이 생각날 때도 라면은 훌륭한(?) 안주가 되니, 보통사람은 '라소주'의 진미를 안다.

이제는 라면은 아니지만 물만 있으면 해결할 수 있는 인스턴트 식품이 꽤 많다. 칼국수, 우동, 짜짜로니, 짬뽕, 비빔면 따위로 종류도 많고, 컵면, 사발면 등 그릇도 다양하다.

중학교 1학년 때쯤이라고 기억된다. 토요일이어서 집에서 점심을 기대하고 왔다. 어머님은 고구마를 삶고 있었다. 삶은 고구마가 맛있다며 자꾸 권하시기에 두 개를 겨우 먹었다. 식성이 좋은 나도 고구마로 점심을 대신할 수는 없었다. 그런데 그것이 점심이었다. 궁핍하던 시절이었으니 아무것으로나 '배를 채우는' 것이 식사였던 것을 어쩌랴. 그때 라면이라도 있었으면 애로사항이 없었을 텐데 하는 생각을 해 본다.

지난 한 시절 '보통사람'이 유행했던 때가 있었다. 보통사람이 어떤 사람인가. 특별하거나 드물거나 하지 않은 예사로이 만날 수 있는 사람 아닌가. 참으로 좋은 말 하나가 정치권에 의해서 좀 우습게 돼 버린 것이 아쉽기만 하다.

대한민국 보통사람의 기준은 때로 라면을 먹는 사람이 아닐까.

냄새

일어나면 우선 냉장고에 넣어 둔 물을 한 잔 마신다. 하루의 시작이다. 그런데 부엌에 들어서 보니 부엌 뒤의 창문이 반쯤 열려 있다. 평소와 달리 정상 상태가 아닌 것이 이상한 느낌이 들 것은 당연하다. 도선생이 방문해 봤자 헛수고일 것이 뻔한 우리 십이시난, 방문했다면 빙문 자체로 문제다.

아내를 깨워서 물어보니 아들이 밤 늦게 라면을 끓여 먹고 환기를 위해서 그랬을 것이라는 답이다.

담배 한 개비를 피우면서 집 주변을 살펴보는데, 이번에는 내 서재의 창문 한쪽이 활짝 열려 있는 것이 아닌가. 평소에 없던 예사롭지 않은 상황에 좀 긴장이 됐다. 도선생이 방문한 흔적이 없으니까 안심은 되면서도, 어떻게 된 일일까 궁금증은 더해 갔다.

서재로 들어와서 이상한 흔적을 찾아봤다. 컴퓨터 책상 위에 웬

향수 깡통이 있었다. 대학 신입생인 아들이 향수까지 사용하나? 깡통을 살펴보니 영어로 자연향이라고 표시돼 있고 수입품인 모양이다. 느낌으로 인체에 사용하는 화장품으로서의 향수는 아니었다. 화장품은 용기만 봐도 어림짐작으로 판단이 가게 마련이다. 아내는 아들과 친구가 담배를 피우고 나서 서재인 것을 감안하여 냄새를 없애기 위해서 그랬을 것이라는 짐작을 했다.

대학생 아들은 어제 법정대학 학생회 주최의 노래자랑에서 1등을 했다면서 친구들에게 상금으로 저녁까지 샀다고 했다. 노래 잘 부르는 아빠를 닮아서 그렇다고 해서 함께 웃었다. 나는 노래라면 지나가던 소도 웃을 만큼 잘 부르는 음치다. 노래자랑은커녕 중학교의 음악시험시간은 얼마나 가슴 졸였던지…. 숨도 제대로 쉬기 어려운데, 그 어려운 발성까지 해야 했으니 독자들은 이해할 것이다. 요즘이야 노래방 덕분에 배짱으로 덤벼서 위기를 잘 모면하고 있다. 어쨌든 아들은 진짜로 노래를 잘 부르고 있으니 잘했다고 했다.

아들이 밤 열한 시가 돼서 같은 과 친구 한 사람과 리포트 작성을 위해 집에 왔단다. 새벽 두 시 반까지 리포트 작성에 골몰하려니 출출해서 컵라면을 끓여 먹다가 국물을 내 서재의 바닥에 쏟은 모양이다. 서재 환경이 깔끔한 것을 잘 아는 아들과 친구는 냄새를 없애기에 어지간히 신경을 썼다. 화장지로 몇 번씩 닦아내고, 깡통에 든 냄새 제거 향수를 뿌리고 창문까지 열어 뒀는데, 닫는 것을 잊은 것이다. 요즘은 도선생의 뉴스가 거의 없는데, 도선생이 봤으면 훔칠 것은 없어도 입이 함지박만큼 벌어졌을 것이다.

사람에 따라서 다르겠지만 후각이 좀 예민한 편이다. 군대 시절에 식당은 저만치 있는데 냄새로 그날의 메뉴를 거의 정확히 알아맞혔다. 식당이 가까워지면 동료들이 오늘 메뉴가 무엇인지 물어볼 정도였다.

그래서인지 어느 날은 한 시간 남짓 걸리는 공항 버스를 타고 가다가 자리 이동을 하기도 했다. 승차해서 10분쯤 지나자 역겨운 냄새가 나는 것이다. 방금 중도에서 승차한 남자 손님 때문이다. 무슨 향수를 발랐는지 뿌렸는지는 모르겠지만, 역한 냄새의 정도가 심해서 그대로 앉아 있을 수가 없었다. 전망 좋은 앞자리를 박차고 맨 뒤쪽의 5인석에 앉았던 경험이 있다. 중년 남자들의 머릿기름 냄새도 역겹지만, 잘못 사용한 향수 냄새는 더욱 곤혹스럽다.

흡연자도 남의 담배 냄새는 싫다고 하는데, 비흡연자인 어린이나 여자 또는 남자가 담배 냄새를 싫어하는 것은 정한 이치다. 흡연 경력이 30년 가까워 오지만, 집에 혼자 있을 때 방에서 담배를 피우지 않는다. 결혼 초에 문 열기에도 마땅찮은 사글세 방에 세들어 살면서 어린 자녀들에게 피해를 주고 싶지 않았던 습관이 지금까지 이어지고 있다. 비오는 날이나 눈오는 날이나 담배는 밖에서 피운다. 손님이 왔을 때만 예외다. 좋은 원칙도 남에게 강요하는 것은 맞지 않는 경우라고 생각돼서다. 집안에서 담배를 피우지 않으니까 어디에도 담배 냄새는 없다. 여기저기 찌는 담배 냄새가 스스로도 역겨워져서 금연하는 계기가 되었다는 사람도 있는데, 그래서 나는 금연하기가 어려운 것일까.

대학생 아들에게도 말했다. 친구가 왔을 때는 담배 피우고 싶으면 재떨이 갖다가 방에서 피우라고.

오늘 냄새 건 때문에 글을 한 편 썼으니, 의외의 소득이다. 요즘 그렇지 않아도 수필 소재가 고갈돼 고심하고 있었다.

초보 수필가의 냄새가 풍기지 않았는지 모르겠다.

불 꺼진 집에 불이 켜지는 보람

구름 한 점 없이 맑은 봄날이다.

아침에 삼매봉공원에서 만난 고향의 후배는 얼굴에 만족스러움이 가득했다. 태권도장의 꼬마들과 야유회가 있는 날인 듯했다. '흐리고 한두 차례 비'같은 궂은 날씨에는 야유회 책임자로선 끝날 때까지 노심초사했을 것이다.

살다 보면 조그만 일이 어둠에 불이 켜지듯 쌓인 스트레스를 없애주는 것을 경험한다.

10년의 공무원 생활을 주로 보훈 공무원으로 보냈다. 전몰군경의 유족, 전상군경 등의 국가유공자를 돕는 업무다. 업무의 목적상 다른 일반공무원과는 많이 다르다. 조그만 민원 하나라도 성의껏 처리해 줘야 하는 것은 의무이자 기본이었다. 일생에 남다른 어려움을 겪었던 응어리가 마음 한구석에 살아있는 사람들이어서 작은 무성의도 큰 상처를 남길 소지가 충분했다. 기관장들은 수시로 '성직자와 같은 자세로' 일할 것을 독려했다. 공무원의 입장에선 다르다. 무슨 인성검사라도 해서 성직자 같은 심성을 가진 공무원만 모아 놓은 것도 아니고, 자의와는 무관하게 배정됐을 뿐이다. 성직자는 아무나 하나 하는 불만이 나왔다. 공무원도 한편으론 다른 직업과 마찬가지로 생활의 방편일 뿐인데, 무리한 요구는 소귀에 경 읽기로 그치기 쉽다.

그런데 어느 날 상급 감독관청의 기관장의 초도순시 때다. 간부급 공무원을 모아 놓고 훈시를 하는데 퍽 인상적이었다. 구태의연한 '성직자와 같은 자세'가 아니라 설득력 있는 말을 했다. "국가유공자는 국가를 위해서 희생한 분들이니 여러 가지 어려움에 직면해 있는 것이 현실이다. 그러니 공무원 여러분이 '불 꺼진 집에 불이 켜지는 보람'을 그분들이 느낄 수 있도록 일해 달라."는 요지의 훈시였다. 20여 년이 지난 오늘에도 생생하게 기억되는 말이다.

그 당시 겉으로 드러내지는 않았지만 내심 마음의 감화에 힘입어 최선을 다했다. 불 꺼진 집에 불이 켜지는 보람을 느끼게 한다는 것은 나로서는 공무원으로서의 보람이었기 때문이다. 국가유공자 자녀의 취업 알선을 3년간 담당했었는데, 보람도 많이 경험했다. 한 번은 고등학교를 졸업한 여자였는데, 취업 알선을 해놓으면 며칠이 못 가 문제가 생기는 것이었다. 회사에서 딴 사람으로 보내 달라는 요청이 두 번씩이나 거듭되자 이상했다. 별 문제가 없을 듯 싶은데 쓸 수 없다는 이유가 뭘까. 여름이 가까워지고 있을 때였다. 취업 희망자를 불러서 문제가 무엇인가를 캐기로 했다. 상담을 하는 동안 직감으로 원인을 찾아냈다. 그녀는 겨드랑이 냄새, 액취증 환자였던 것이다. 액취증을 가진 여자를 직원으로 받을 회사가 어디 있을 것인가. 마침 액취증 환자를 무료로 치료해 주는 봉사를 하는 곳을 알고 있었기에 알선해줬음은 물론이다.

그 여자는 두 번씩이나 취업에 실패했기 때문에 이미 불 꺼진 집이 되어 실망이 대단할 때였다. 치료를 받은 다음 다시 취업한 직장에 근무하면서 고맙다는 말 한 마디를 했을 때 나의 보람은 얼마나 컸던가.

나에게도 '불 꺼진 집에 불이 켜지는 보람'을 알게 해 준 분이 있다. 이제 등단한 지 반 년이 가까워 오는데, 그때의 기회가 없었다면 오늘 수필을 쓰고 있지 못 할 것이다.

다니던 직장을 부득이한 사정이 있어서 사직하고 감귤농사를 한 지도 몇 년이 흐르고 있었다. 대학 시절부터 글쓰기에 남다른 열정을 갖고 있었기에 다시 시작하기로 마음을 굳혔다. 여러 신문에 십여 편의 칼럼에 가까운 글도 발표했으니, 수필의 관문은 조금만 공부하면 쉬울 줄 알았다. 그래도 3년반 노력하자는 신중함도 곁들였다. 수필 잡지 하나를 정기구독하고 기회가 닿는 대로 다른 수필지를 구해서 열심히 읽었다. 이론서 공부와 수필지 읽기로 1년을 보내면서 수천 편을 읽었으니 쓰기만 하면 될 것 같은 기대를 가졌지만, 오산이었다.

2년째로 접어들면서 처음으로 수필 두 편을 써서 지방 문협의 신인상 모집에 응모해 놓고는 당선 통지가 오기만을 기다렸지만 허망한 일이었다. 그때까지도 수필의 관문이 만만치 않음을 감지조차 못하고 있었다.

다음에는 되겠지 하면서 여러 신인상 모집에 다섯 번이나 응모했지만, 당선자는 번번이 다른 사람이었다. 많은 실망을 체험하기 시작했다. 등단하는 방법을 바꾸자, 벌써 3년째도 중반에 접어들었다. 수필 잡지를 통해서도 등단이 안 되면 포기하기로 방향 선회를 하고 있었다.

어려운 결정 끝에 한 수필지에 시험삼아 투고를 해 봤다. 다행인지 초회 추천을 받았지만 조건 때문에 포기했다. 추천작이 실린 잡지를 기백 권 구입해야 하고 즉시 송금토록 한 서신이 영 아니올시다였다. 마침 경제적으로 상당히 궁핍할 때이기도 했기에 더욱 그랬다. 한편으론 유치원생들이 돈만 내면 유명 협회를 빙자한 상패 등을 받는 세상이니, 어쨌든 거래는 싫었다. 주어진 기회도 박차버리니 이제는 정말 막연했다. 어떻게 해야될지, 그야말로 '불 꺼진 집'이었다.

지도해 줄 분을 찾아야 할 터인데, 무슨 수로 줄을 댄단 말인가. 사람에 따라선 인복이 많은 사람도 더러 있어서 경험담을 들을 때 부러워했던 적이 있다. 내게는 지지리도 인복이 없는 경우를 여러 번 겪었기 때문에 언감생심이다. 군대 시절에도 고약한 상사를 만나서 엄청 마음고생을 했다. 담배를 끊을 정도의 의지가 없으면 탈영하게 된다는 생각으로 3년 동안 금연까지 했으니 더 말할 필요가 없다. 직장 근무 시에는 어떤가. 대한민국에 그런 괴팍스런 공무원은 다시 없을 것으로 확신한다. 고약한 상사 밑에서 3년간을 시달린 결과는 노이로제로 직장을 사직하는 것으로 이어졌으니 통분할 일이다. 애초에 사람과의 인연은 없는 것으로 생각하고 있었다.

글을 추천해 줄 분을 찾아야 한다는 것이 지상명제였으나 방법은 없었다. 다만 '찾으라, 찾을 것이오.'라는 성경 구절처럼 노력은 게을리하지 않기로 했다.

어느 날 예기치 않은 우편물을 받았는데 책이었다. 수필 잡지사에서 정기 독자에게 선물로 부친, 그 수필지의 발행인이 쓴 수필집이었다. 어쨌든 고마운 일이었다. 문득 고맙다는 인사를 받는 것쯤 생면부지의 사람이라도 싫어하거나 실례가 될 수 없다는 데 생각이 미쳤다. 회장실로 전화를 걸었으나 출장 중이라며 여직원이 받는다. 서귀포에 사는 아무갠데 휴대전화 번호를 메모해 두도록 부탁했다. 그날은 아무런 일이 없었다. 그럼 그렇지, 바쁜 분인데 생면부지의 사람이 건 전화에까지 신경쓸라구…, 인연 만들기가 그렇게 쉬운 줄 아나 하는 실망만 안았다.

다음날은 단골 이발소에 이발을 하러 가면서 휴대폰을 갖고 갔다. 평소에 연락이 잦을 만큼 대인관계가 왕성한 편도 아닌데, 혹 필요한 전화가 있을지도 모른다는 생각이 들어서였다. 예감이란 것이 그런 것인지도 모르겠다.

아닌 게 아니라 이발사가 이발용 의자를 젖히고 면도를 하려는 순간에 휴대폰이 요란하게 울리는 것이 아닌가. 면도를 중지하도록 하고 밖으로 나가서 휴대폰을 열었다. '○○에 아무갭니다.'로 시작된 처음의 전화였다. 전화해 줘서 고맙다는 전화도 고마웠지만, 이것이 인연 만들기의 시초가 될 줄을 몰랐다. 그 후 다른 기회에 전화와 편지는 이어졌고 그분은 막바지에 수필의 관문을 통과할 수 있도록 지도해 주었다. 등단을 위한 작품을 여러 편 보냈을 때, 그 중 나은 작품 한 편에 대해서는 자상히 지도해 주었다. 휴대폰에 전화를 걸어서 무려 40여 분 동안 지도해 준 일도 있다. 오로지 독학인 수필 공부였던 탓으로 잘못된 맹점을 스스로 커버하기에는 역부족이었다.

'불 꺼진 집'에서 방황하던 아득함을 생각하면 앞으로도 그 고마움을 사는 동안 잊지 못할 것이다. 인복이 없다던 내게도 고마운 분이 있을 줄을 누가 알았을까. 그것도 불 꺼진 집에 불이 켜지는 보람을 다시 알게 해 준 고마움에 무한 감사를 한다.

≪어린 왕자≫의 "사막이 아름다운 건 어디엔가 우물이 숨어 있어서 그래."라는 말을 눈물이 나도록 깨닫는다. 온통 저 혼자 추스르기에도 바쁜 세상에 남을 위하여 시간을 할애해 줄 수 있는 분도 있으니, 세상은 아직도 살만하지 않은가.

내가 남을 위해 무엇을 해주기보다는 남이 나를 위해 무엇을 해주기를 더 바라는 것이 인간의 본성이다. 그래서 세상의 많은 불 꺼진 집에 무관심하고 있는지도 모르겠다.

오늘 비오고 흐릴지라도 내일 빛나는 태양이 떠오를 것이 확실한데, 불 꺼진 집에는 그것을 받아들일 여유가 없다. 불 꺼진 집에 불이 켜지는 것은 의외로 간단한 일임을 때로 경험한다.

어느 분이 내게 그랬듯이 불 꺼진 집에 불이 켜지는 보람을 다른 사람에게 안겨 줄 기회가 오길 기대해 본다.

담배 한 대

농사꾼이 무슨 재미로 사느냐는 답답한 사람도 있다.

자연의 섭리 따라 일을 시작하고 마무리하는 것도 생각에 따라선 괜찮은 일이다. 4월 중순이라 하루가 다르게 커가는 감귤나무의 새순을 바라보는 기대감은 또 어떤가. 2년 연속 감귤 가격의 폭락으로 아픈 가슴은 여전하지만, 새순의 활기참은 걱정보다는 희망을 갖게 한다.

땀 흘리 일하다가 잠시 쉬는 담베 한 대의 여유는 또 어떤가. 답답한 사무실에서 윗사람의 눈치보고 동료의 눈치보면서 어렵게 흡연 공간을 찾아헤매는 것도 재미인가. 그것도 시간에 쫓기면서 옛날 증기기관차의 화통처럼 연기를 뿜어대니 담배 한 대의 여유가 아니다. 독자들은 무슨 담배 예찬론자인가 하고 오해하지 말길 바란다. 오히려 몇 번이나 금연 시도에 실패한 사람이다.

감귤원을 관리하는 농부에겐 3, 4월은 담배 한 대의 여유가 여유의 전부일 만큼 바쁘다.

감귤나무의 가지치기와 다듬기인 전정을 끝내니, 새순이 돋아나고 처음 농약을 살포할 시기가 됐다. 작년 10월 중순의 농약을 마지막으로, 반 년 만이다. 미리 석유 사용 엔진인 동력분무기를 정비해 뒀다. 오일을 교환하고 시동을 해봄으로써 이상이 없음을 확인했다. 30년 가까이 사용한 농기계여서 확인을 안 하고 있다가 정작 작업에 말썽을 부리면 피곤한 일이기 때문이다.

날씨 관계로 농약 살포 계획이 자꾸 미뤄지고 있었다. 시기를 놓치면 똑같은 수고를 하고도 효과는 반감된다. 비 날씨가 될 가능이 있다는 예보를 들으면 화급하지 않은 경우엔 미룰 수밖에 없다. 거기다가 맞지 않는 일기 예보 때문에 속 태울 때가 한두 번이 아니다. 여러 가지를 감안해서 농약을 치기로 한 날은 웬 바람이 그렇게 심술처럼 불던지 진퇴양난이었다.

농약용 탱크에 물을 가득 받고 농약을 타면서 기계만 이상 없으면 되겠다 싶었다. 기계의 시동 홈(스타칭)에 로프를 감고 두세 번 힘껏 당겼으나, 시동이 안 되는 것이다. 2, 3일 전 시험 가동 때는 부드럽게 살아나서 걱정을 안 했었다. 시동에 관계된 플러그를 손질하고 초우크 상태와 연료 계통을 점검해 봐도 눈에 띄는 이상이 없다. 하도 오래 사용한 농기계라 웬만한 고장은 정비할 줄 안다.

스타칭 홈에 로프를 감고 당기는 일은 요령도 있어야 하고 힘껏 당겨야 한다. 열 번쯤 같은 동작을 되풀이했을까. 작업도 하기 전에 힘이 다 빠지고 있었다. 작업이 안 되면 적지 않은 비용이 든 농약도 함께 버릴 판이었다. 휴대폰을 갖고 있었으니 농기계수리사를 호출할 수 있었으나 포기했다. 119처럼 대기하고 있다가 즉각 와 줄 수 있는 형편도 아닐 테고 마음만 조급해질 것 같아서였다. 작업을 포기하면 가능한 일이지만, 나중의 일이다.

시동을 걸려는 시도를 30분쯤 했을까. 지쳤다. 에라 모르겠다, 담배 한 대 피우고 다시 해 봐서 안 되면 작업을 포기하자. 담배 한 대의 여유가 없었으면 참 곤란했을 것이다. 멀거니 앉아서 쳐다봐야 무슨 수가 있단 말인가. 맥이 빠져서 있던 지혜도 다 도망갈 것이다. 담배 한 대를 피우고 다시 시동을 시도하는데, 두세 번 만에 쉽게 시동이 걸렸다. 신기할 정도였다. 그리고 농작업 내내 기계는 잘 돌아갔다.

이번엔 내가 작명한 태영농장에서의 일이다. 작년 1년은 장인이 경영했으므로, 1년 만에 다시 시작하는 것이다. 여기는 반이 비가림하우스여서 물 공급 때문에 전기 모터는 필수다. 전기 모터 양쪽으로 양수기와 분무기를 연결할 수 있는 푸리가 있다. 용도에 따라 벨트만 바꾸면 된다.

농약 살포를 위해 양수기에 걸려 있는 벨트를 벗겨내고, 분무기로 벨트를 연결해야 했다. 그런데 그게 안 되는 것이었다. 수십 번 했던 일을 1년 쉬었다고 못하다니 당황했다. 전기 모터의 푸리(연결홈)에서 분무기로 젖 먹던 힘까지 이용하며 연결해 보려 했지만 허사였다. 벨트를 잘못 선택할 여지는 없었다. 벨트는 고무줄처럼 늘어나지 않기 때문에 평소에도 푸리에 끼우는 데 약간의 힘을 가해야 된다. 벨트가 분무기용인 것만 믿고 아무리 용을 써도 헛수고였다. 수십 분의 시간이 흘렀다.

뭔가 잘못되긴 한 모양인데 라고 생각하며, 담배 한 대를 피우고 다시 시도해 볼 요량이었다. 담배를 피우며 전기 모터 앞에 바짝 다가앉아서 살피던 중, 아 그렇구나 하며 무릎을 탁 쳤다. 안 되는 원인을 찾아낸 것이다. 전기 모터의 푸리는 이중으로 돼 있어서 밖의 큰 것은 양수기, 안의 작은 것은 분무기용으로 구분돼 있는 것을 깜박했던 것이다. 안의 것은 가까이 다가앉지 않으면 밖의 것으로 가려져서 잘 보이지도 않는다. 30분이 걸려도 못한 일을 10초도 안 걸려서 해냈다.

담배 한 대의 여유를 갖지 못하고 밀어부쳤으면 어떻게 됐을까를 생각하니 쓴웃음이 나온다. 힘은 힘대로 쓰고 벨트는 망가지게 조작하였을 것은 뻔한 일이다. 그 다음 수순으로는 농기계수리센터의 수리사를 불러대어 비싼 출장료를 물어야 했을 것이다.

이번 봄철의 과수원 관리를 하면서 '담배 한 대의 여유'를 확실히 체험한 것은 의외의 소득이다. 생각해 보면 모두들 '바쁘다 바빠.'를 외치면서 담배 한 대의 여유조차 없이 사는 것만 같다. 횡단보도 신호등 앞에서 무슨 화급한 일이나 있는 것처럼 안절부절하면서 차도에 한 발을 먼저 내딛는다. 마치 백미터달리기 선수가 출발신호를 기다리는 준비 자세다. 신호가 바뀌면 총알같이 건넌 다음에 유유자적한다. 바라보는 마음이 안타깝다. 그럴 것이면 기다리는 것도 담배 한 대의 여유를 가질 일이지, 뭘 그렇게 허둥대나 하는 생각이다.

'바쁘다 바빠.'의 세상에 살면서 무의식 중에 최면이 걸리는 듯한 경험을 하게 된다. 거리를 걷더라도 바쁘게 목적지를 향해서 가야지, 유유자적하다가는 아는 사람들로부터 할 일 없이 딱한 사람이라는 눈총을 받는다. 참으로 딱한 노릇이다. 바쁜 사람도 한가할 여유가 때로는 있을 법한데, 일상이 바쁘다 보면 여유를 여유로 인식하지 못하는 것이다.

때로는 이런 생각이 든다. 누구 말마따나 살면은 100년을 살 것인가. 설령 의학의 발달로 100년쯤은 어렵지 않게 사는 세상에 살아보지 않아서 그런지 모르겠지만, 장수의 의미를 모르는 수명 연장은 무의미하다. 먹는 것 이외의 일을 모르는 장수는 이미 장수가 아니다. 치매에 걸린 부모도 부모요 효도를 다해야 하는 것이 바른 길임을 모르는 사람은 세상에 없지만, 거기에 장수까지 겹치면 효도에 변함 없을 자식은 있어도, 드물 것이다.

지명의 초입이니 길어야 30년 남짓, '담배 한 대'의 여유를 갖고 살고 싶다.

인간에 대한 예의

놀라움이 크면 어이가 없어진다.

한 달 전 조선일보 사회면의 머릿기사는 희한한 제목을 달고 있었다. 하, 이런…. 하는 어이없는 소리가 저절로 나왔다. 기사 제목이 'IQ 145 난 · 정자 팔아요.'였다. 사실 놀랄 일도, 어이없을 일도 별로 없는 세상에 살면서 이게 무슨 꼴이람. 놀랄 일이 없어서라기보다는 너무 많아서, 웬만한 뉴스에 만성이 돼 있다가 한 방 당한 느낌이다.

불임부부들에게 돈을 받고 정자와 난자를 제공하는 회사가 국내에서 문을 열었다는 소식이다. 기사의 컷으로 처리한 만평도 가관이다. 원통형 유리 그릇에 난자와 정자를 담아 놓고 파는 노점상의 모습이다. 지나가던 부부가 놀라움 반, 호기심 반으로 눈을 동그랗게 뜨고 있는 모양을 곁들였다. 마치 초등학교 저학년의 숙제에 맞추어서 학교 부근에서 올챙이나 금붕어 따위를 파는 노점상을 떠올리게 된다. 세상이 하도 놀랍게 돌아가니까, 멀지 않은 장래에 그 만평처럼 비슷한 상황이 일어나지 않는다는 보장도 없다. 기가 찰 일이다.

'25세, 키 165cm, 몸무게 48kg, IQ 145, ○○대학교 석사과정…. 위 여성의 난자를 판매합니다. 잘 생기고 머리 좋은 2세를 책임져 드립니다.' 불임부부에겐 희망일지도 모르나, 인간에 대한 예의는 어떻게 되나. 현실적으로 대부분의 정자·난자는 음성적으로 거래된다고 하지만, 매매를 규제하는 법률은 없다.

2001년 1월에 문을 연 정자·난자를 판매하는 그 회사는 2개월 동안에 '씨'제공 신청자가 300여 명이라니 성업 가능성도 높다. 국내의 불임부부는 약 100만 쌍, 비율도 갈수록 높아져 20% 내외의 부부가 임신을 못하고 있다는 통계도 있다니 그렇지 않은가.

학벌, 나이, IQ 등에 따라 등급이 정해져 같은 여성이라도 난자 제공에 대한 보상금이 2배나 차이가 난다고 하니, 신의 재앙으로 흐르지 않을까.

"요즘 경제 시정이 말이 아닐세. 무슨 돌파구가 없을까?"

"자네같이 IQ 140에 훤칠한 키에 우수한 직장이 있는데, 뭐 어려운 소릴 하고 있나. 그 우수한 정자 좀 팔면 되지."

"체면 때문에 그러네. 팔고 싶으면 사네나 팔아."

"IQ 120정도에 보통 키, 글 쓰는 재주 외에는 쥐뿔도 없는 주제의 정자를 누가 사겠나? 기껏해야 담뱃값 정도일 텐데, 생각없다구. 나도 가진 것 없어도 오기는 있어."

이런 대화가 오고가는 세상이 앞으로도 오지 말길 바란다. 글 쓰는 사람이 창작해낸 쓸데없는 기우이길 희망한다.

지난 2월, 각 신문마다 인간 '게놈지도'의 완성을 대대적으로 보도했다. 게놈지도는 인간의 유전자 정보체계쯤으로 이해된다. '개놈지도'가 아닌 것은 천만다행이다.

인간 게놈지도가 완성됨으로써 지금까지 10만여 개로 추정되던 인간의 유전자가 2만 6천여 개로 밝혀졌다고 한다. 초파리의 유전자와 비슷한 유전자라나. 어쨌든 암 같은 불치병도 유전자 조작을 통해 고칠 수 있는 날이 기대된다. 이런 희망적인 일에도 불구하고, 영국의 인간게놈프로젝트 책임자인 존 설스턴 박사의 경고는 인간에 대한 예의다. "인간 게놈은 판매 대상이 아니다. 이를 특허화하고 상업적으로 이용하는 것은 지구의 종말을 가져오는 계기가 될 수도 있다."고 미리 쐐기를 박고 있다.

획기적 발견인 게놈지도가 사회에 많은 발전을 가져다 줄 것이다. 하지만 우려되는 것은 끝간 데 모르는 인간의 탐욕이 신에 도전하는 어리석음이다.

인간의 생명까지 상품화된다면 획일화가 되어 벌써 인간의 삶은 삶이 아니다. 원하는 형태의 맞춤인간이 탄생되면 가정의 파괴는 물론이고, 기존의 문화는 아무 소용에도 닿지 않는다.

우수한 천재들만 가득 찬 사회라면 누가 3D 업종에 근무하고, 어려움은 있지만 보람 있는 일에 종사할 것인가. 판 · 검사도 필요하지만 하급 공무원도 필요하고 환경미화원도 필요하고 심지어 노숙자도 필요한 것이 사회다. 보다 나음을 위해 꾸준히 애쓰는 것이 인간의 삶 자체일진대 그것을 포기했을 때 다른 동물하고 무엇이

다르랴.

인형의 잘 생기고 못 생기고를 구분하는 아이를 못 봤다. 다 잘 생겼으니 구분할 의미가 없는 것을 스스로 터득하기 때문이다. 미스코리아 대회에 참가한 미녀들이 특별히 예쁘다는 느낌을 못 갖는다. 모두 예쁘니까 구분이 안 가고 무덤덤하게 텔레비전을 쳐다볼 뿐이다. 그 미녀들이 거리에 걸어가고 있다면 틀림없이 많은 남자들이 쳐다볼 것이다. 거리의 보통여자들보다 아름답기 때문에 그 아름다움이 빛나는 것이다. 그러니 보통의 아름다움을 가진 보통여자도 있어야 사회가 돌아간다. '맞춤인간'으로 예쁜 여자들만 가득하면 아름다운 여자라는 개념 자체가 불필요하고 아예 없어질 것 아닌가.

꽤 아름다운 여자가 눈이 쌍꺼풀이 아닐 때 신선한 매력을 느낄 때가 있다. 쌍꺼풀도 좋지만 자연스러움이 인간의 영역이기 때문에 그럴 것이다. 완전한 것은 신의 영역임에도 자꾸 도전하는 것이 사람이다. 자연스러운 얼굴이 아름다운데도 턱뼈를 깎느니 뭐하느니 아름다움에 무한히 도전하려는 여자들이 많다는 것은 성형외과 의사들의 공통된 견해라고 한다.

'맞춤인간'이 가능한 시대에 살고 있지만, 인간의 영역을 벗어나기보다 인간에 대한 예의를 생각할 때다. 자연스러움은 인간에 대한 최소한의 예의다.

수석은 자연 그대로일 때만 가치가 있고 깎고 다듬으면 이미 수석이 아니다.

눈부신 생명공학의 발전이 재앙이 아니라 인류에 기여하는 신의 축복이 되었으면 하는 바람이다.

유채꽃

제주에 살면서, 제주의 봄꽃인 유채꽃이 피고 지는 줄도 몰랐다.

신문을 보다가 이미 끝난 유채꽃잔치 소식을 읽고, 서귀포시의 변두리로 차를 몰았다. 농작물로서의 유채는 구경할 수 없어진 지 오래다. 길가의 공지에 환경 조성용으로 심어 놓은 유채마저 꽃은 거의 없고 종자를 맺고 있어서, 유채꽃 구경을 포기했다.

엊그제 이틀간 '제주유채꽃잔치'가 조천읍 교래리에서 있었다. 북제주군과 제주 KBS가 공동으로 개최한 것으로, 19회째를 맞고 있다. 노란 유채꽃밭 옆을 달리는 노란 유니폼의 여성 마라톤 대회 사진을 보니 옛날 유채밭의 정취가 되살아난다.

이번에 유채꽃잔치의 행사장은 주변의 군유지 3만 평에 연인원 천여 명이 동원돼 유채꽃밭을 일부러 만든 것이다. 농작물로서의 유채 재배가 각광을 받을 때는 제주의 들녘 전체가 노란 그림으로 가득했던 기억이 새롭다. 감귤 등의 고소득작물에 밀려나다 91년 농산물 수입자유화로 침몰했다. 관광자원으로 극히 일부가 지원을 받으며 명맥을 유지하고 있으니 아쉬운 일이다.

요즘의 신세대들이야 유채꽃을 그냥 꽃의 일종이려니 할지도 모른다. 유채는 채종유를 생산하기 위한 환금작물로, 꿀벌의 밀원으로 각광을 받던 때가 있었다. 채종유를 심심치 않게 사용했던 것이 30여 년 전이라고 생각된다.

밥에 배춧국 정도밖에 먹을 것이 없던 시절, 배춧국에 채종유 한두 방울이면 구수한 맛이 그만이었다. 참기름은 고사리 무침이나 제사 음식 같은 귀한 음식에 사용하기 마련이었고 고소한 맛이 있었다. 그렇지만 고소한 맛보다 구수한 맛이 더 생각나는 것은 사라지는 것들에 대한 아쉬움인가.

4년 전의 일이다. 유채꽃에 얽힌 사연을 생각하면 지금도 빙긋 웃음이 나온다. 백화점 일로 시간을 내기가 어려운 아내에게 무려 3개월의 휴식이 있었다. 물론 원해서가 아니라 백화점의 수리 공사로 모두가 쉬게 되었을 때다. 2월부터 5월까지였으니 유채꽃 피는 기간도 포함돼 있다. 카메라를 들고 동쪽으로 일주도로와 해안도로를 따라 신혼여행이 아닌 구혼여행에 나섰다. 얼마를 달리자 여기도 유채꽃, 저기도 유채꽃 노란 아름다움에 심취됐다.

제주의 푸른 바다, 길옆의 돌담, 노란 유채꽃의 세 가지 색이 어우러진 아름다움은 나이를 잊게 했다. 가슴이 울렁거렸으니 말이다. 바다를 배경으로, 돌담을 배경으로, 유채밭 가운데서 열심히 셔터를 눌렀다. 기회는 다시 안 오는 것이라는 생각에서다.

여자의 환한 미소를 싫어할 남자가 있을까. 아내의 미소 또한 그렇다. 유채밭 전체를 배경으로 삼고 그 가운데서 웃는 얼굴의 아내 모습은 아름다웠다. 좋은 사진을 기대하고, 있는 실력을 다 동원해서 재미있는 말을 하는 것도 잊지 않았다. 그래야 자연스럽게 웃을 수 있고, 그 순간을 포착해 셔터를 눌러야 한다.

유채밭에서 거의 절반의 필름을 사용하지 않았나 싶다. 화창한 봄 날씨에 유채꽃 배경의 사진, 생각만 해도 가슴이 설렜다. 너무 사진을 잘 찍었다고 믿었다. 셔터를 누를 때마다 필름이 최르륵 돌아가는 소리도 잘 들렸던 자동 카메라다. 기대를 가지고 사진관에 현상을 맡겼다. 하루 있다가 찾으러 오라는 그 하루가 더딜 지경이었다.

카메라에 익숙지 못한 사진사였지만, 자동카메라니까 잘 찍혔을 거라고 기대하면서 사진관 문을 들어섰다. "어제 맡긴 필름 다 됐습니까?" 하고 묻는 말에 사진관 주인이 잠시 대답이 없다. "다 안 됐습니까?" 재차 물을 때에야 "사진 한 장도 안 찍혔던데요." 하면서 필름을 보여준다. 이럴 수가, 필름은 분명 백지였다. 사진관을 걸어 나오는 기분이 유채꽃보다도 더 노랗게 변하고 있었다.

남의 카메라를 빌려 갖고 갔으니, 필름 걸개에 필름이 걸린 여부를 잘 확인하지 않고 뚜껑을 닫은 것이 화근이었던 것 같다.

좋은 사진을 기대하면서 아무개 탤런트처럼 예쁘게 미소를 지어 보려고 무진 애를 썼던 아내도 돌팔이 사진사의 NG에 허탈해 했다. 한 장도 건지지 못했으면서 영원히 추억에 남을 사진 찍기가 되고 말았다.

내년 유채꽃 절정기에는 그 유채밭 부근으로 다시 가볼까.

고사리를 찾아서

언제부터인지 몰라도, 고사리 꺾기가 제주의 풍속으로 자리잡아 가고 있다.

봄비가 대지를 적시고 봄 향기가 느껴질 무렵이면, 연로하신 어머님은 고사리 꺾으러 갈 기대로 부풀었다. 고사리 철이면 으레 일 주일쯤은 '고사리 장마'가 돼서 고사리를 좋은 고사리로 키운다. 나이 든 여자들은 '고사리 장마'의 불편함보다 장마가 많은 고사리를 꺾게 하리라는 기대감으로 빙긋 미소까지 배어 나올 지경이다.

봄이 완연해지면 제주의 중산간 들녘에는 봄비를 머금은 풋풋하고 통통한 고사리들이 지천으로 자라난다. 4월 중순쯤이 본격적인 고사리 철인데, 올해는 고사리 장마도 없었고 고사리가 귀해서 고사리 꺾기가 쉬운 일이 아니었다.

4월 중순이면 감귤원의 기본적인 일을 마무리하고, 좀 여유를 가질 수 있는 때이다. 도로망이 거미줄처럼 중산간이고 어디고 할 것 없이 잘 돼 있는 제주에선 고사리가 자라는 중산간에 접근하기가 쉽다. 들녘에 세워진 자동차들은 전부 고사리 채취꾼들의 차량이다. 고사리를 캐러 나선 가족단위 나들이객이거나 주민들의 무리를 쉽게 만나게 된다. 이러한 새로운 풍속도는 관광자원화되어 '고사리 꺾기 대회'와 같은 행사로 이어지고 있다. 제주의 신선한 공기를 만끽하며 푸른 들녘에서 무공해 청정 고사리를 꺾는 이 대회는 관광객들에게 색다른 경험과 추억을 안겨주어 반응이 좋다고 한다.

비가 내린 다음날은 어머님이 몹시 고사리를 꺾으러 가고 싶어하는 눈치였다. 어머니가 한의원에서 침술 치료를 받고 나니 오전 열 시, 느지막한 시간이다. 어머니는 고사리를 꺾을 생각이 앞서고, 나는 1년에 한두 번 찾아나서는 봄 들판의 정취가 그리웠다.

집에서 20분 정도 차를 몰아서 사설인 '대유수렵장' 인근으로 갔다. 대유수렵장은 연중 사냥이 가능한 100만 평이 넘는 광활한 들판이다. 경고 지역엔 아예 접근조차 안 했지만, 이따금씩 이어지는 사격연습 총소리가 불안감을 가져다 줬다.

어머니와 둘이서 나섰기 때문에 사람 찾기는 하지 않아서 좋다. 고사리를 꺾는 들판은 가시덤불로 잎뒤 시야를 가릴 때가 많다. 일행이 여럿일 때는 수시로 이름을 부르면서 확인을 해야지 거리가 멀어지면 상당히 난감해진다. 특히 '고사리 장마' 때는 사방이 캄캄하고 동서남북의 방향 감각을 잃기 쉽다. 실제로 고사리에 잠시 정신 팔다가 나중에는 사람 찾기에 탈진하는 경우도 생겨난다.

옛날엔 할머니들이 십 리 이십 리 길을 오로지 다리품을 팔면서 고사리 밭에 접근했지만 요즘은 차량으로 어디든 쉽게 간다. 그래서인지 고사리가 겨우 눈에 띌 정도면 모두 꺾어버려서 옛날만큼 '고사리 밭'에서 고사리를 꺾는 재미는 없다. 눈에 보이는 고사리를 꺾는 것이 아니라 가시덤불 같은 데서 눈에 불을 켜고 고사리를 찾아내는 작업이 됐다. 억새와 찔레꽃 같은 잡초가 뒤엉켜 자라는 덤불 속에 고사리가 발견된다. 그 연한 초록색의 청초한 모습은 홀로 우뚝 서서 수줍게 고개를 숙이고 있다. 가시덤불 속의 그 고사리를 찾아냄은 작은 기쁨이다. 작은 기쁨이 차 오르는 느낌을 무의식중에 맛보려고 고사리를 꺾으러 나서는지도 모른다. 탁 트인 마음으로 고사리를 찾아내는 기쁨은 돈으로 못 사는 것이다. 세상에 돈만 있으면 아쉬울 것이 뭐 있느냐고 할 사람도 이 부분은 인정할 것이다.

두 시간 남짓 고사리를 꺾은 것이 얼마 되지는 않지만, 그래도 연례 행사를 거르지 않고 무사히 치른 듯한 느낌이다. 해가 갈수록 고사리가 많지 않아 고사리 꺾기가 아니라 '고사리 찾아 삼만 리'가 되어 가는 것이 아쉽기만 하다. 제주에서는 '들굽낭'이라고 하는 두릅나무의 새순으로 끓인 국은 1년에 한 번 고사리 철에만 맛볼 수 있는 별미였는데, 이제는 '들굽'도 여간해선 구경하기 힘들다.

고사리를 꺾는 작업 시간은 대화를 나누기에 적합하지도 않을 뿐더러, 모아져 다닐 수도 없다. 개별 행동을 하다가 요소 요소에서 만나게 된다. 고사리가 드물수록 고사리 찾아헤매다 보면 정신이 없다.

몇 년 전의 일이다. 어머니, 작은어머니, 고모, 숙부 등 가족끼리

고사리를 꺾으러 한라산 천백 도로의 중간에서 내렸다. 그날따라 고사리가 좀 있어서 꺾는 재미가 쏠쏠했다. 집결지에서 잠시 쉬기로 했는데, 그때야 저만큼서 작은어머니가 허위허위 걸어온다. 작은어머니는 허리디스크로 평소엔 걷는 것도 불편한 것 같은데, 고사리 꺾을 때만은 아니었다. 건강한 사람의 몇 배나 빠르게 돌아다닌다. 동에 번쩍, 서에 번쩍이다. 걸어다닌다는 것보다 날아다닌다는 표현이 더 적합할 것 같다. 그것이 고사리에 대한 욕심이든 평소의 일 욕심이든 불구하고 말이다.

"허이구, 작은어머니, 그 잘리(자루) 터져수게(터졌잖아요)." 등에 진 자루를 황급히 내려보고서야 조카의 농담인 줄 알았다. "정말인 줄 알안(알고) 간 털어져시네." 해서 한바탕 웃었다. 상황을 파악하기 전의 망연자실하던 모습은 지금도 생각하면 웃음이 나온다. 평소 거짓말이나 농담 한 번 하지 않는 조카라고만 알았으니, 그때 농담 효과가 얼마나 컸으리라는 것을 짐작할 수 있다. 어렸을 적 성장 과정만 보고 성인이 된 후의 수십 년은 알 수 없었으니 그럴 수밖에 없다. 사실 나는 자다가도 농담을 할 정도로 농담을 좋아하는 편이다. 그 후에도 고사리를 꺾으러 같이 갈 기회엔 한 번씩 자루가 터졌다고 농담을 던져 본다. 고사리 하나를 꺾기 위해 눈에 불 밝히고 돌아다니지 않았는가. 만에 하나 자루가 터져서 고사리가 새는 일이 있다면, 아마 풀썩 주저앉아 일어나지 못하는 사태가 벌어질 것이다.

며칠 전 신문에서 육류를 대체할 수 있는 콩고기, 밀고기가 각광을 받고 있다는 기사를 읽었다. 밭에서 나는 고기의 쫄깃한 맛이라고 표현했는데, 나는 햇고사리의 맛을 쇠고기보다 좋아한다. 유달리 고사리 반찬 솜씨가 좋은 어머님이, 햇고사리를 볶아서 참기름까지 쳐놓은 반찬은 맛이 일품이다. 상시 먹을 수 있는 것도 아니고, 고사리 철에만 한두 번 먹을 수 있는 반찬이라서 맛에도 플러스 알파가 붙는 모양이다.

고사리가 중산간에만 가면 지천으로 널려 있던 시절에는 궁핍해도 이웃 간의 정으로 사는 맛이 있지 않았나 생각된다. 고사리처럼 정이 넘쳐흘렀으니 애써 정 나누기에 마음을 쏟을 필요도 없었다. 요즘은 어떤가. 가족 간에도 형제간에도 정 나누기에 소홀해선 안 되는 세상이다. 마치 고사리 하나를 꺾기 위해 가시덤불의 여기저기를 눈에 불 밝히고 찾는 것처럼 말이다. 고사리를 찾아서 헤매듯이 정을 찾아서 헤매는 생활이 바쁜 현대를 살아가는 우리의 모습이 아닐까 하는 생각이다.

고사리 꺾기도 1년에 한 번, 며칠밖에 주어지지 않는 좋은 정 나누기의 기회다.

솜털에 싸여 있는 연한 초록색의 고사리를 찾아내는 작은 기쁨. 무의식 중에 희망 찾기를 하고 있었는지도 모르겠다.

제4부

다시 어머니의 빈방

2.5mm

농부에겐 휴일이 따로 없다. 비 오는 날이 쉬는 날이다.

일이 밀려 있어서 노심초사할 때도 비가 오면 방법이 없다. 지친 몸을 쉬게 하려는 하늘의 뜻이려니 마음 편하게 생각하고, 쉬는 것이 제일이다.

어제까지 어머니와 감귤원의 제초 작업을 했다. 며칠만 더 날씨가 좋으면 작업을 마무리할 수 있겠다 싶었는데, 아침에 일어나 보니 소리없이 보슬비가 내리고 있다. 영락없이 쉬는 날이시만, 글도 쓰고 주일이라서 교회도 갈 수 있으니 마음 편하다.

벌써 5월 중순으로 접어들었다. 이곳 서귀포에는 귤밭마다 여린 새순과 귤꽃이 아우성이다. 연 두 해 감귤 값 폭락으로 멍든 가슴에도 근거 없는 기대를 가져보게 한다. 아픈 가슴을 쓸며 다시 일어서는 것이 순박한 농부의 마음 아닌가. 그런 마음으로 보슬비 내리는 아침에 너그러운 생각을 갖는다.

인공강우니 뭐니 해서 무한히 신의 영역에 도전하려 하지만, 날씨만큼은 여전히 신의 소관이다. 기상보험이라는 것도 있다던데, 차라리 그것이 인간다운 생각일 것이다.

일기예보가 아무리 정확을 기하려는 노력을 기울여도 100% 정확도는 가능하지 않다. 예보는 사람의 일이고, 실제는 하늘의 일이기 때문이다.

날씨가 좌우하는 일이 좀 많은가. 초등학교의 소풍서부터 시작해서 각종 단체의 체육대회, 야유회, 등산, 낚시, 경조사 등 하나 둘이 아니다. 행사의 실무 책임자는 일이 끝날 때까지 안심이 안 된다. 일기예보와는 달리 중간에 날씨가 돌변할 조짐이라도 있으면 내내 마음을 졸인다. 마음 졸인다고 해서 아무것도 달라질 수 없음을 잘 알면서도 그렇다. 일기예보가 잘 맞을 때는 문제가 없지만, 그 즈음의 일기예보가 신빙성이 낮을 때는 더욱 전전긍긍하게 마련이다.

행사 당일에야 갑작스런 비 날씨가 되면, 하늘을 원망하기보다 사람을 더 원망하는 경우가 많음을 본다. 좋은 날 놔두고 꼭 이런 날을 골라 난처하게 한다고 책임자를 원망한다. 책임자는 행사에 관련된 책임자이지 날씨의 책임자가 아님에도 그러니 딱한 노릇이다.

행사는 일회성이니까 그런 대로 낫다. 농부는 일 년 열두 달을 꼬박 날씨에 예민하게 대처해야 한다. 아닌 말로 농사꾼이 되려면 반 기상통보관이 되어야지, 일기예보만 믿다가는 큰코 다친다는 말이 맞다.

일기예보가 두루뭉수리로 됐을 때는 예보 듣는 것조차 짜증스러웠다. 기상자동응답안내에 연결이 되면 내일 제주 지방의 날씨를 알기 위하여 동지나 해상의 어쩌고까지를 다 들어야 하는 경우도 있었으니 말이다. 공직 사회는 경직될 때가 많은데, 일 년쯤 전부터인가 그런 불편을 깔끔히 없앴다.

기상자동응답안내의 131번을 누른다. "안녕하십니까? 서귀포 등 제주 남부지방의 일기예보입니다. 원하시는 서비스 번호를 눌러 주십시오. 예보는 1번, 해상관계는 날씨는 2번, 기상특보는 3번, 기상실황은 4번, 주간예보는 5번, 타지역 날씨는 6번입니다." 수없이 그 안내 서비스를 이용해야 할 농부의 입장에선 참으로 고마운 일이다. 짜증날 것 없이 원하는 정보를 얻을 수 있으니 좀 좋은가.

지난 3월은 감귤원에 봄비료를 뿌려야 될 시기였는데, 유달리 비가 오지 않아 속을 태웠다. 비료는 아무 때나 뿌려서 되는 것도 아니고, 또 비가 오지 않으면 감귤나무의 뿌리가 흡수할 수 없으니 소용 없는 일이다. 다행히 비가 6mm쯤 내린 나음날 비료 주는 작업을 완료할 수 있었지만, 지금 생각해도 비 날씨를 그렇게 기다려 본 것은 처음이다.

가랑비가 조금 내린 것 가지고는 시비에 도움이 되지 않는다. 어느 날은 비가 조금 내린 것 같아서 오후 늦게 강수량을 확인해 봤다. 전화기의 131번을 누르고, 안내에 따라 기상실황 4번을 눌렀다. 다 듣고 나서 실망을 할 수밖에 없었다.

"오후 네 시 현재 기상실황입니다. 서귀포 지방의 기온은 13.9도

이며, 바람은 남풍으로 초속 1.8m로 불고 있으며, 현재 서귀포 지역에 내린 강수량은 2.5mm입니다.”

귤꽃 향기에 대한 단상

5월의 서귀포는 귤꽃으로 아우성이다. 텃밭에 감귤나무가 심어져 있어서, 아침에 일어나면 마주하게 된다. 5월 초순의 어느 날 아침이었다. 일어나서 정원을 거니는데 풍겨오는 향긋한 향기, 아 그것은 올해도 감귤 농사의 시작을 알리는 귤꽃 향기였다. 백합처럼 진한 향기는 아니지만, 콧속을 자극하는 좋은 향기에 잠시 심취했었다. 향수라든가 향기에 익숙하지 못해서 그런지, 아직껏 더 좋은 냄새를 알지 못한다. 아마 감귤을 재배하는 농업인이라서 그런지 모르겠다. 상한 남성용 화장품 냄새의 역겨움이 아니라 그윽히 콧속을 자극하는 즐거움은 여성용 향수의 귤꽃 향기라 할 것이다. 그래서인지 바짝 귤꽃 가까이 서도 그윽한 향기는 싫증을 느끼지 않게 한다.

그렇지만 마냥 귤꽃 향기에만 취할 수 없음이 안타깝다. 해거리를 하는 감귤이 올해는 80만 톤의 유례없는 풍작을 예상하고 있다. 특별한 경우가 아니면 풍작은 그대로 가격 하락과 소득 감소로 이어지기 때문이다. 도정 홍보지에선 3월부터 감귤특집으로 8면의 전 지면을 할애하고 있다. 1면 머릿기사의 제목이 '생산량 줄여야 감귤이 산다.' 였다. 나무에 열매가 달리기도 전부터 초긴장해야 되는 입장을 제주도민이면 다 안다. 감귤은 제주의 경제를 좌지우지할 수 있는 생명 산업임은 애써 말할 필요가 없다.

적정 생산에다 고품질 감귤은 말은 쉽지만 어려운 숙제다. 그렇게 하는 것이 노력만으로 쉽게 되는 것이라면 마다할 농업인이 없다. 병충해는 기후에 많은 영향을 받는데 하늘이 하는 일을 조정할 수 있는 사람은 아무도 없다. 감귤농업의 역사가 대략 40년쯤 되지만, 귤꽃이 아우성인 걸 보고 걱정하기는 몇 년 전부터이다. 옛날엔 귤꽃이 피는 5월이면 마을 사람들끼리의 인사가 "미깡꽃 하영 피어수광?(귤꽃 많이 피었습니까?)"이었다. 지금도 그 인사가 사라진 것은 아니지만, 예전처럼 기쁨의 인사가 아님을 안다. 또 하나, "미깡은 몇 관이나 해수과?(귤은 몇 관이나 땄습니까?)"가 수확기의 인사였다. 생산하기만 하면 돈이 되던 시절에는 수확량만 들으면 그 집안의 경제 사정을 꿰듯이 알 수 있었다. 이제 생각하면 꿈같은 얘기지만, 호시절엔 그것을 별로 실감하지 못하다가 지나간 다음에 그리워하게 되는 것이 우리의 삶이다.

감귤이 재배되기 전의 소득 작물로서 유채가 있었다. 4월 제주의 봄을 알리는 유채꽃은 제주도 전역을 노란색으로 뒤덮었다. 보는 사람의 가슴에도 노란 물이 들지 않나 생각될 정도였다. 푸른 바다

와 길옆의 돌담과 노란 유채꽃의 세 가지 색이 절묘하게 어우러지는 아름다움은 시인이 아니더라도 시심이 일게 했다. 그렇지만 지금은 유채가 환금 작물이던 시절은 가고, 관광객을 위해 제주의 정서를 느끼게 하는 관광자원일 뿐이다. 극히 일부가 자치단체의 지원으로 재배되고 있다. 관상용이지 소득 작물이 아니다. 지금도 이 5월에 제주를 방문한 관광 손님들은 귤꽃을 유채꽃 바라보듯이 하고 있는지도 모를 일이다. 논의 벼를 보고도 '벼나무'라고 탄성을 지르는 초등학생도 있듯이, 귤꽃을 그냥 꽃나무라고 생각한들 탓할 수 있으랴.

적정 생산 시책에 호응해서 귤꽃이 덜 피도록 많은 가지를 솎아냈다. 그럼에도 해거리에 따라 만발한 귤꽃을 바라보는 마음은 착잡하다. 주변의 과수원들도 마찬가지다. 무임승차를 겨냥해서 거의 가지 솎아내기를 하지 않은 과수원도 많으니 더욱 그러하다. 감귤도 '구조조정' 시대라서 감귤원 폐원, 간벌, 휴식년제 등으로 20만 톤을 감산하는 운동을 도에서 펴고 있다. 과거에는 대학나무라 할 만큼 높은 소득이 보장되던 때도 있었지만 지금은 아니다. 외국에서 많은 고급 과일들이 쏟아져 들어오고, 국내산 다른 과일, 겨울철 신선 과채류 등 무한경쟁 시대다.

고품질로 승부를 건다지만 생각처럼 쉬운 일이 아니다. 인위적 노력도 중요하지만 기후 조건도 좋아야 하니 어려운 일이다. 자연은 항상 어려움을 이겨내는 방법도 배우라 한다.

귤꽃 향기 가득한 아침에 올해는 감귤의 작황도 좋고 소득도 좋은 한 해이길 소망해 본다.

고정관념

지명의 나이가 되다 보니, 초등학교 동창생 중에 처음으로 자녀를 결혼시키는 친구가 있었다. 제주도에선 결혼을 3일 잔치로 친다. 돼지 잡는 날, 가문 잔치, 결혼식 날 해서 3일 동안을 친한 친구나 친척은 봉사한다. 서로 큰일을 함께 걱정하고 돕는 좋은 풍습이다.

돼지 잡는 날 동창생 집엘 갔다. 할 일은 따로 없고 식사를 한 다음에 놀아주는 것이 일이다. 잔칫집에는 으레 넉동배기(윷놀이) 판이 벌어진다. 이미 농사용으로는 용도가 사라진 지 오랜 멍석을 어디서 구해 오는지. 넉동배기 용도로 멍석을 만들어 파는 사람도 있는 모양이다. 넉동배기는 구경꾼도 무료한 시간을 때우게 한다.

넉동배기 판을 구경하다가 잔칫집 입구에 세워져 있는 커다란 화환을 쳐다봤다. 3단으로 된 고급 화환이다. 리본에 씌여있는 글을 보니 신부 아무개라고 되어 있다. 기억을 되살려 봤다. 아무리 해도 동창생 친구가 가톨릭 하고는 관련이 없을 것 같은데, 웬 신부가 커다란 화환을 보내서 결혼을 축하하는 걸까. 궁금증을 풀려고 화환 가까이 가서 보는 순간 아차 했다. 신부는 성당의 신부가 아니라 결혼 당사자인 신부였던 것이다. 신랑의 초등학교 동창생들이 결혼을 축하하는 뜻으로 세워 놓은 화환을 잘못 이해했다. 으레 무슨 행사 같은 데서 대형 화환은 대단한 사람이 보내온 것을 봐온 데서, 엉뚱한 추리를 한 것이다. 그런 고정관념이 몸에 밴 것이다. 그 사람의 마음속에 늘 자리하여 흔들리지 아니하는 관념이 고정관념이니, 반세기를 살아오는 동안 어떤 부분은 고정관념의 늪에 빠져 있으리라.

조합에서 발행한 '감귤영농일지'를 걷으면 표지에 '고정관념을 깨면 농업도 달라진다.'고 열 가지 예를 들고 있다. 평소에 쉽게 만나는 일이면서도 새로움으로 다가온다.

더하기도 발명이다. 사과 더하기 문자는 문자사과가 아닌가. '축 졸업'이란 글자가 씌어진 사과를 보면서, 단순히 상술이라고만 생각했었나. 고정관념일 것이다.

빼기도 발명이라고 한다. 주스 빼기 설탕은 무가당주스, 수박 빼기 씨는 씨 없는 수박이다. 기존 있던 것에서 빼내서 새롭게 하는 것도 튀는 생각이 있어야 가능할 것이다.

모양을 바꾸는 것, 반대로 생각하는 것도 발명이다. 올록볼록 화장지, 네모난 수박, 발가락 양말, 벙어리 장갑을 생각해 보면 옳거니 소리가 절로 나온다. 하지만 고정관념을 깨보자는 잠재의식을 가졌던 사람만이 가능한 발명일 것이다.

크게 하고 작게 하는 것도 발명이다. 거봉포도가 있는가 하면 방울토마토가 있다. 포도나 토마토를 정상적으로 재배하기도 어려운데, 각고의 노력 끝에 신품종을 개발하는 것은 앞서가는 사람만이 할 수 있는 일이다.

충북 괴산의 농업인 발명가 윤용길 씨에 대한 기사를 읽었다. "고정관념을 깨야 새로운 것이 보인다."는 그의 발명철학은 고정관념의 늪에 빠져 불평부터 먼저 나오는 보통사람에게 경종을 울린다.

윤씨는 중졸 학력이지만 발명에 있어서는 박사급이다. 발명은 대단한 고급 두뇌를 가진 사람만 가능한 것처럼 믿는 고정관념이 우리에겐 뿌리 깊다. 더욱이 중졸 학력이라면 가능하지 않은 것으로 치부해 버린다. 윤씨는 중졸 학력임에도 선풍기를 이용해 풍구를 대신한 일을 계기로 발명의 길에 들어섰다고 한다. 일상생활의 불편함을 없애려고 시작한 발명은 현재 4건의 실용신안특허를 받았다. 이외에도 야광도로 시공법, 인삼포 지붕재 등 여섯 가지의 아이디어가 특허출원 상태에 있다고 한다.

고정관념을 깨지 않았으면 농사를 짓는 평범한 농업인에 지나지 않았을 것이다. 다른 사람들도 중졸 학력이란 고정관념에 빠져서 아주 당연하게 생각했을 것 아닌가.

고정관념을 깨지 못하면 아무 새로움도 기대할 수 없다. 새로움은 커녕 현상유지에도 만족하지 못하고 불평만 앞서게 마련이다.

산다는 것은 단순한 일상의 반복이어서는 의미가 없고, 하루하루 새로움을 찾는 노력일 것이다. 고정관념의 늪에 빠져 무의미한 일상을 되풀이하고 있지 않은지 가끔 점검을 해야겠다.

폐차장에서

새벽 두 시 반의 전화벨 소리, 밤이라 유별나게 크다. 전화벨 소리는 반가울 때가 많지만, 한밤 중의 전화는 아주 가끔이고 우선 반갑지가 않다. 여러 요건을 감안할 때 정상적이 아니고 사람을 놀라게 하기에 마땅한 전화다. 늦게 잠자리에 들어 겨우 깊은 잠에 든 시간의 전화는 눈도 뜨기 싫다.

잠이 들었을 때의 전화는 대부분 아내가 받는다. 잠결이라 무슨 대화를 하는지는 모르지만, 삼시 동안 이어지는 것이 심상치가 않나. 전화 중간에 아내가 나를 깨운다.

"재혁이, 사고 났땐(났다고) 햄수다(합니다)." 비상출동 명령을 받은 사병처럼 이불을 박차고 일어났다. 우선 인명 피해가 없는 것을 확인하고 숨을 돌렸다. 교통사고라도 사람만 무사하다면 큰 일이 아니다. 이제 면허를 취득한 지 두 달 반의 초보여서 늘 걱정했다.

올 것이 왔구나였다. 몇십 년 무사고라면 더욱 좋겠지만, 비좁은 도로 사정과 자동차 홍수를 생각하면 쉽지 않은 일이다.

그렇다고 초보이니 운전하지 말라고 할 수도 없는 노릇이다. 세상에 초보가 아닌 운전자가 있었던가. 아들 친구 셋이 같이 있다니까 사고 수습이 되는 대로 집에 오도록 했다. 얼마 후 집에 차를 끌고 도착한 아들을 보고 다시 한 번 놀랐다. 친구 셋과 아들, 네 사람이 동승했다는데, 한 친구만 손가락에 경상을 입었다고 했다. 자동차의 운전석 반대 문짝이 둘 다 움푹 패이고 가운데 기둥마저 휘어져 있었다. 이러고도 사람이 무사했던 것은 행운이었다. 아들은 밤 늦은 시간에 차를 몰고 나갔다고 질책을 당할까봐 잔뜩 긴장하고 있었지만, 사고의 위험을 체험함으로써 이제 완전히 면허를 취득한 것이라고 다독여주니 마음을 놓는 눈치였다.

평소 신발장 위에 키를 놓아 두지만, 그날은 추리닝 속에 넣어둔 채로 잠을 잤다. 밤 늦게 도서관에 갈 일이 있었던 아들은 엄마한테 얘기해서 예비키를 갖고 운전에 나선 것이다.

서귀포의 일호광장 로터리는 예가 없게 신호등이 있고, 늦은 밤에는 점멸등으로 바뀌는 7가로여서 위험이 상존한다. 초보는 물론이고 운전에 익숙한 운전자도 들어서고 싶지 않은 껄끄러운 곳이다. 아들은 거기서 사고를 당했다. 나중에 안 일이지만 가해자는 무보험 차량으로 만만한 대학생들이니 괜찮겠지 하고 뺑소니를 쳤다가 잡힌 꼴이었다. 꽤 묵직한 갤로퍼 차량으로 프라이드 승용차의 측면을 비껴 받으면서 폐차로 인도했던 것이다.

가해자에게 차량 수리 비용을 받았지만, 차령이 10년 남짓인 고

물이어서 폐차를 하기로 결심했다. 차량 가격의 서너 배가 되는 수리비용을 부담하고 더 타느냐는 고민도 했다.

폐차하기로 결심하고 폐차장으로 가는 길은 만감이 교차했다. 2년 남짓 2만여 km를 주행한 프라이드 승용차를 구입해서 8년 남짓을 몰고 다녔다. 중고차를 구입할 때부터 주행거리 20만km는 채우자고 작정을 했었다. 폐차 시점까지 19만 7천km를 주행했으니 목표는 대충 달성한 셈이다.

아는 친구들로부터 이제는 그 프라이드 그만 타고 키 꼽고 세워두면 자기가 갖다 타겠다는 얘기를 수없이 들었다.

폐차장은 프라이드 한 대 세울 공간이 없을 만큼 만원이었다. 온통 고철 더미다. 폐차 대기 중인 차량의 대부분이 사고 차량이고, 수명이 다한 것으로 짐작되는 차는 없었다. 우리는 대부분 8년을 넘기면 폐차하고 일본은 15년 정도 탄다는 보도를 읽은 적이 있다. 대부분의 차는 관리만 잘하면 20년 정도는 탈 수 있게 설계돼 있다니 아쉬운 일이다.

폐차 승인을 받고 프라이드에서 필요한 공구, 핸들커버, 관광지도 등의 소지품을 챙겼다. 8년 남짓 동안을 분신 같았던 자동차를 놓고 나오는 아쉬움이 있었다.

여러 형편상 고늘 프라이드나 발 형편이 아님을 아는 친구들의 차 바꾸라는 성화가 몇 년째였던가. 그럴 때마다 '프라이드를 탄다는 프라이드를 가지고 프라이드를 탄다.'고 둘러대었다.

'프라이드'는 차령이 오래돼서 많이 속태우기도 했었다. 고모부네 밀감수확을 갔다가 돌부리에 연료통이 걸려서 휘발유가 도랑물이 되어 흐를 때의 낭패감이란 적당히 표현할 길을 모른다. 감귤원의 일을 마치고 귀가할 때 후진 부주의로 돌부리에 소음기를 부딪쳤다. 착륙하는 비행기의 소음을 내다가 수리를 해서 조용할 때의 안도감은 얼마나 충만했던가. 동네 사람을 과수원까지 태워주고 돌아오려는데, 키를 돌리자 아무런 반응도 없이 시동이 안 됐을 때의 황당함은 어디다 비기랴. 배터리를 한 달 사이에 네 번이나 갈아도 하루 이틀 만에 시동이 안 되게 방전이 돼버리는 것도 당황했던 경험이다. 고물차여서 충전기도 교체할 때가 된 것을 정비사가 모르고 지나친 결과였다. "폐차장 근처에는 얼씬거리지 말아라. 폐차인 줄 알고 끌어다가 흔적도 없이 폐차시켜 버린다."는 친구의 농담도 싫지가 않았다. 운전면허를 취득한 아들도 타고 다녔으니 2대째 타고 다닌 프라이드가 아닌가.

목표한 20만km 주행을 눈앞에 두고 사고를 당했으니, 그래서 세상 사는 일은 한 치 앞도 볼 수 없다고 했는지 모른다.

폐차장의 자동차들이 대부분 수명을 채우지 못하고 중도 포기됐듯이, 우리 사는 것도 젊었을 때의 원대한 꿈은 이런 저런 사정을 핑계로 접어두고 있지나 않은지 하고 되돌아본다.

한 인생을 성공적으로 끝내기는 얼마나 어려운 숙제인가.

중산층에 대한 단상

때로 사람은 기분으로 산다는 생각이 든다. 못난 사람, 잘난 사람 구분할 것 없이 기분을 잘 조절하면 살맛나는 세상이 될 것 같다. 누구 말마따나 행복은 경제력과 비례하는 것이 아니기에 그렇다.

"과수원도 많이 하면서 뭐 고물 '프라이드'를 디고 다니냐. '소나타'쯤은 타고 다녀야지." 하고 친구들이 농담을 했었다. "야, 돈도 없는 저소득층이 무슨 중형차냐. 프라이드를 탈 수 있는 것으로 만족해야지." 하는 말로 농담을 받았다.

어느 중견 은행원에게 중산층을 어떤 사람이라고 보느냐고 물어봤다. 답은 IMF 이후로 중산층의 개념이 사라졌다고 한다. 모두 어려워졌다는 뜻일까. 아무튼 저소득층과 고소득층을 제외한 중간 계급이 중산층일 터이다.

'덜도 말고 더도 말고 아무거나 중간만 하면 잘하는 것'이라던, 할머니의 말이 생각난다. 어렸을 적엔 말 그대로 저소득층이었으니, 고소득층은 언감생심이고 중산층만 되었으면 하는 것이 성장하면서의 희망사항이었다. 어려운 말을 쓸 것도 없이 '먹고 살만'한 것이 중산층의 개념으로 몸에 배어 있다.

지금이야 자동차는 저소득층에도 필수품이 되었지만, 옛날엔 자동차는 재산목록에 포함되었다. 중산층에서 고소득층으로 가는 길목의 사람 정도는 돼야 자동차를 소유했었다. 세상이 많이 달라졌지만, '먹고 살만'한 사람은 중형차 정도는 타고 다녀야 격에 어울리는 것으로 생각한다.

고물 '프라이드'차를 몰고 다녔던 나는 중산층은 못 되더라도 준중산층쯤은 된다. 그래서 친구들은 내 고물차만 보면 차 언제 바꾸느냐고 묻는 것이 인사가 되었다. 저소득층이라고 겸손을 떨 형편도 아니고 보니, 솔직히 떨떠름한 기분이었다.

살아가는 데 변수는 얼마나 많은가. 의외로 며칠 전 고물 승용차를 폐차하고 새 중고차를 구입하는 기회가 왔다. 아들이 고물차를 끌고나갔다가 접촉 사고를 당해서 폐차를 시켰다. 수리비용을 가해자에게서 받았으니 수리해서 타면 그만이었지만, 찻값의 몇 배가 되는 수리 비용을 들여봐야 수명이 거의 다된 차여서 마뜩지가 않았다. 차를 바꾸기로 결정했으나 새 차는 형편에 무리가 갔다. 일천만 원이 넘는 가격과 기름값을 부담할 수 있느냐가 문제였다.

결국 다시 괜찮은 중고차를 구입하기로 하고, 준중형차로 인기가 있는 '아반떼'를 택했다. 차의 모양새도 소형보다는 낫고 더운 날은 에어컨도 작동이 잘 되고, 핸들의 파워스티어링도 좋아서 차 타는 맛이 한결 좋다. 그럼 나도 이제 준중산층인가?

중산층이라는 말을 떠올리다가 지역 신문을 봤다. 1면 톱기사가 '감귤 대풍작 현실화 우려' 였다. 감귤을 재배하는 농업인으로서 대충 넘길 기사가 아니니까 자세히 읽어 봤다. 도내 노지 감귤의 개화량이 적정 수준을 훨씬 웃도는 것으로 관측 조사되면서, 80만 톤 생산량이 현실이 될 가능성이 있다는 보도였다.

감귤을 재배하면 돈이 된다는 얘기는 옛 말이 된 지 오래다. 감귤원 몇천 평만 있으면 고소득층이었던 것도 옛날 얘기다. 지난 두 해 동안 연속 폭락한 감귤 가격으로 얼마나 경제에 어려움을 겪고 있는지 모른다. 대풍작에 마음이 느긋했던 칠, 팔십 년대만 해도 감귤은 곧 부의 상징이었다. 이제는 적정 생산을 웃돌 것이라는 보도를 볼 때마다 마음 한구석에 구름이 낀다. 지금은 5월 하순인데 콩알만한 감귤을 보면서 기대보다는, 여기저기서 걱정 소리를 듣게 되니 안타깝다.

귤 재배면적만 가지고는 중산층인 형편이지만, 가격 폭락이 된다면 아무 의미도 없다. 묘하게도 똑같은 과일이지만 값이 하락하면 소비자가 외면하는 것을 스스로도 경험했다. 작년에 수박이 한 덩이에 일만 원 할 때는 입맛이 당겨서 사먹었지만, 이삼천 원으로 싸구려가 되자 그냥 줘도 먹고 싶은 생각이 없었던 경험을 갖고 있다. 두 해 전에는 감귤값이 너무 싸구려가 되니까 친구에게 선물하는 것조차 미안해서 포기했었다. 60만 톤 정도가 적정 생산량인데, 80만 톤 예상이라니 정말 겁나는 숫자다. 지난 3월의 전정 시기에 감산 시책에 맞게 간벌과 강전정을 했지만, 모두가 동참하지 않은 결과가 전망을 어둡게 하고 있다. 아직도 할 일이 많으니, 맛 좋은 감귤을 제 값 받고 팔 수 있기를 기대해 본다. 그래야 중산층은 못 되더라도 준중산층이라도 돼 볼 테니까.

언젠가 고급 '그랜저' 승용차를 굴리는 저소득(?)생활보호대상자가 있다는 신문 보도를 읽은 적이 있다. 웬만한 서민주택 한 채 값이 되는 고급 승용차를 굴리면서, 염치도 없이 지원금에 손을 벌렸다는 생각이 들었다.

특별히 가진 것 없어도 의식주에 얽매이지 않는 준중산층의 삶이 좋다. 앞으로 더 올라갈 희망을 가질 수 있으니까.

준중형차라고 하는 '아반떼' 승용차 중고를 산 나는 준중산층인가? 중고차를 구입할 때 도움을 준 매제가 받아 온 자동차등록증에는 차종이 '소형'이라고 적혀 있다. '준중형'이란 말은 자동차 회사의 고객 기분 살리기였던 모양이다.

아무려나 '아반떼'를 타는 요즘은 준중산층이 된 기분으로 차를 몬다.

생리 전 증후군

'여자는 한 달에 한 번 마술에 걸린다.' 어느 회사의 기발한 광고 카피다. 구독하고 있는 신문의 건강 특집에 그 광고 카피를 큰 제목으로 쓰고 있어서 읽어 보게 됐다. '생리 전 증후군'에 대한 기사다.

매달 찾아오는 생리는 여성들에세 귀찮고 고통스러운 일일 것이다. 생리 때가 다가오면 짜증이 늘고 몸도 아픈 증상을 통칭해서 '생리 전 증후군'이라고 한다. 모 병원 산부인과 과장의 말이다.

복부팽만감에서 우울증, 식욕 변화, 두통 능 여러 부위의 통증과 심지어는 자살 충동을 느끼는 사람도 있다고 한다. 건강한 여성의 네 명 중 세 명이 한두 가지 이상의 생리 전 증후군을 갖는다니 수긍이 간다. 여성의 5프로는 가족과 직장의 대인관계에 지장을 느낄 정도로 심하게 겪는다고 한다. 여러 증상들의 집합체이니 만큼 뛰어난 효과의 예방법이나 치료제도 없어서 어려운 문제다.

신문기사를 읽기 전부터도 '생리 전 증후군'에 대해서 막연히 알고 있었다. 각종 상식에 대해서 알기 좋아하는 편이어서, 증후군이란 말의 뜻을 알고 있었기에 아내의 증상을 대뜸 '생리 전 증후군'으로 판단하고 대처해 오는 중이었다.

부부 사이에 반복되는 증상을 눈치채지 못할 정도면 요즘처럼 이혼을 '손쉬운 해결책'으로 생각하는 세상에 우둔한 일이 아닐 수 없다. 우리 부부 사이도 남들이 말하는 최상급은 못 될지라도 꽤 좋은 편이다.

두 달에 한두 번 정도 부부싸움을 하지만, 대부분 며칠간의 침묵시위로 막을 내린다. 큰 문제에 대한 이견이나 잘못은 조용히 덮어두는 것이 평소의 대응방식이다. 크게 잘못되거나 한 사항은 스스로 잘못을 인정하는데, 두 번 다시 몰아붙이는 것은 쓸데없는 일임을 알기 때문이다. 말하자면 일사부재리의 원칙을 지키는 셈이다.

사소한 문제에 대해서는 그렇지 않다. 가령 말을 하는데 왜 반응이 없냐, 물어본 말은 대답을 않고 왜 엉뚱한 얘기만 하느냐 따위다. 낮 동안은 일터가 다르니까 다툴 일도 없지만, 퇴근하는 아내를 데리러 갔다 오면서 주로 다툰다. 처음엔 몰랐지만 일정 시기에 많이 다투게 되는 것을 알았다. 아내는 백화점 장사로 인한 피로와 '생리 전 증후군'이 발동할 때가 겹칠 때다. 유머를 해도 잘 웃지 않고, 대화를 귀찮아하는 것 같고, 대답이 퉁명스러우면 대충 때가 된 것으로 짐작한다. 자신도 짜증을 내거나 침묵 시위를 하면 기분이 많이 상하므로 적절히 대응하는 것이 상책이다. 감정을 다스리다보니 아내와 같이 생리 전 증후군을 공유하는 것 같아 슬몃 웃음이 밴다.

산다는 일은 어려운 일이니 만큼 다투기도 하고 풀기도 해야 정상이다. 우리나라는 부부 세 쌍 가운데 한 쌍꼴로 이혼하고 재혼하고 다시 이혼한다는 보도가 있었다. 검은 머리가 파뿌리가 되도록 해로하고 사랑하겠다던 서약은 글자 그대로 요식행위일 뿐이다. 이혼이 과거에는 최후 수단이었으나 요즘은 법정서 20초면 모든 절차가 끝나고 남남이 되는 '손쉬운 해결책'이란다.

어느 법원의 협의 이혼실 앞 복도엔 이혼을 기다리는 부부들이 자기 순서를 기다리고 있었다. "들어오세요." 라는 법원 직원의 호명에 따라 방으로 들어선 부부가 "(협의이혼을)인정합니까?" 란 재판관의 질문에 "네."라고 짧게 대답하는 것으로 모든 이혼절차는 끝난다고 한다.

경남 창원에서 시작돼 올해로 7년째 일부 시 · 도민들의 자축일이 되고 있는 '부부의 날'(5월 21일)을 국가기념일로 제정하자는 움직임이 활발해지고 있다는 보도를 읽었다. 이혼이 손쉽게 되고 증가하는 가족해체 시대에 살면서 '부부의 날' 제정 운동은 뜻깊게 생각된다.

'부부의 날'은 '둘(2)이 하나(1) 되는 날'이란 의미를 담아 '(5월) 21일'로 정했다고 하는데, 이혼 만능의 시대에 둘이 하나됨은 얼마나 값진 일인가.

'생리 전 증후군'에 대처하는 나는 검은 머리 파뿌리가 되도록 해로할 수 있겠지 하는 기대를 해본다.

점방

지는 해를 아쉬워하는 사람은 없다. 내일 다시 떠오를 것임을 믿기 때문이다. 하루가 다르게 달라지는 세상에 살면서 언제부터인지 모르게 사라지는 것들에 대한 아쉬움은 그리움이 된다.

어느 날은 아침 일찍 마을의 ㅇㅇ마트에 담배를 사러 갔다. 문이 닫혀 있었다. 평소에 일찍 문을 여는 곳인데, 그날따라 사정이 있는 모양이었다. 담배를 피우는 사람들에겐 담배 생각이 날 때 참기가 쉬운 일이 아니다. 문득 담배를 살 수 있을 점방(店房)을 생각했다. 옛날에야 간판도 없었던 점방이 이제는 '슈퍼'라는 이름을 달고 있지만 그마저도 사라져간다. 한 점방은 문을 안 열었고, 다른 곳에서 담배를 살 수 있었다.

'80년대까지만 해도 구멍가게인 점방은 어렵지 않게 찾을 수 있었지만, 이제는 아니다. 원래는 한 마을이었다가 씨족 간 다툼으로 100여 년 전에 분리된 인근 마을까지 합치면 1,100여 세대에 3,600여 명이 사는 마을에, 소규모 마트 두 개가 점방들을 퇴출시킨 것이다. 마트에서 손쉽게 물건들을 사는 동안 어느 날부터인지도 모르게 점방은 사라져갔다.

농담 한 마디라도 주고받으면서 물건을 사던 점방이 어느 날 물건들을 다 치우고 폐점했을 때의 아쉬움은 큰 것이다. 점방 주인은 무엇으로 생업을 삼을까. 노인의 소일거리로 하던 점방이야 이제 쉬실 때가 되었다고 위로해 줄 수 있지만, 문제는 노인이 아닌 경우다. 점방이 슈퍼마켓이나 마트를 차려 확장할 수 없다는 것은 초등학생도 알 것이다. 점방 주인의 다음 행로를 걱정해 줄 수 있음은 아직도 인정이 남아 있다는 증거가 아닌가.

며칠 전에는 제주의 농촌 마을인 어느 곳에 볼 일이 있어서 갔다. 초여름 날씨여서 물 생각이 간절했다. 남의 집을 방문하지 않으면 물을 먹을 수 없었다. 농촌 마을이지만 점방이라도 있겠지 하고 찾아나섰다. 조그만 점방을 찾아내고 냉장고 속의 박카스 한 병을 사 마셨다. 시중 가격보다 모든 물건이 비싸지만 여지껏 비싸다는 느낌을 가져본 일이 없으니 묘한 일이다.

지금의 사오십대 이상의 사람들에겐 점방이 아련한 추억거리로 남아 있다. 사라져가는 것들은 많지만 추억거리로 남는 것은 흔치 않다.

점방이라고 부르기보다는 발음하기 쉬운 동의어인 전방을 주로 썼던 것 같다. '전빵'이라고 발음되는 말을 요즘 애들이 들으면, 무슨 '건빵'얘기를 하는지 의아해 할 것이다. 전방엔 없는 게 없었다는 기억이다. 어린이들이 좋아하는 알사탕에서부터 어른들의 술, 담배, 화투까지 갖춰 놓고, 새벽부터 늦은 밤까지 장사를 했다. 농촌 사람들은 집에서 가까운 점방을 이용했는데, 물건 값이 좀 비쌌지만 아무도 불평이 없었다. 인정으로 사주는 것이었기에 불평의 소지는 애초부터 없었던 셈이다. 그뿐인가. 급히 돈이 필요할 때 며칠 내 상환 조건으로 이자 없이 '급전'을 해결했다. 이웃이라는 인정으로 이자 한 푼 없이 돈을 빌려 주었던 점방 주인을 생각하면 그때를 되돌아보지 않을 수 없다.

지역 신문인 '제민일보'의 어제 사회면 톱기사는 "초등생 '이자놀이' 충격"이었으니 더욱 그러하다. 2천 원을 빌려주고 이자까지 5만 원을 갚으라고 했다나. 못난 어른들이 저질러놓은 사채놀이가 동심까지 멍들게 하고 있다. 이제 초등학교 고학년인 어린이들이 이자받는 재미로 돈을 빌려주는 친구도 있다니 말문이 막힌다. 자기들끼리도 재미삼아 고리대금업자, 사채업자라고 별칭을 붙이는 경우도 있다고 한다. 점방 주인에게 이자 한 푼 없이 돈을 빌렸던 장년 이상의 세대들은 그 기사를 보면서 느끼는 생각이 많았으리라.

40대 이상의 농촌 사람들에겐 점방이 술꾼들이 자주 애용했던 곳임을 기억할 것이다. 시내에 가서 적당히 취해서 집에 오다가 점방 문을 열고 2차를 했었다. 대부분 밤 11시가 넘은 시간이니, 술꾼들은 시간 가는 줄 모르게 술 마시고 주인은 옆에서 꾸벅꾸벅 조는 진풍경이었다. 술꾼들은 시내에서 돈을 다 쓰고 왔으니, 외상 술이 대부분이었다. 소주도 잔술을 파는 경우가 많았다. 지금의 소주잔

두 개 정도의 분량이 되는 엽차 잔으로 한 잔에 얼마 하는 식이다.

어느 때부터인가 점방에 어울리지 않게 '슈퍼'라는 이름으로 바꿔 달더니만, 그마저 사라져서 마을당 두어 개가 명맥을 유지하고 있다.

20여 년 전의 대학 시절, 자취방 인근의 점방 할아버지, 할머니가 지금도 얼굴에 선하다. 밥은 잘 먹고 지내느냐는 걱정부터 하면서 나만 보면 반겼으니까 그렇다. 라면, 두부, 콩나물 따위를 하루도 거르지 않고 그 점방에서 해결했으니 그럴지도 모른다. 내가 무엇을 물어보면 친밀해진 다음에도 할아버지는 항상 '예.'였던 것이 부담스러웠다. 할아버지는 어디까지나 고객을 상대한다는 차원에서 그랬을 것이다. 가끔 시간이 날 때 할아버지와 세상 돌아가는 얘기부터 잡다한 대화를 했음도 기억에 남는다. 점방을 드나드는 날이 늘어 갈수록 정도 쌓여 가던 시절이었다. 오늘 할인점이니 마트니 하는 데서 정 나누기를 기대하는 사람은 한 사람도 없을 것이다.

하급 공무원 시절의 사글세방 옆의 점방도 잊히지 않는다. 역시 노인이 소일거리로 하던 점방이었는데, 그때 두세 살이던 아들을 할아버지가 꽤나 반겼다. 20년 전쯤의 일이니 워낙 박봉이어서 애들 군것질은커녕 라면 끓여 먹기에도 바쁜 시절이었다. 아들은 자꾸 점방에 가자고 졸랐다. 점방엘 가면 아들은 새빨간 물이 줄줄 흐르는 알사탕류를 좋아했지만 불량 과자임을 한눈에 알 수 있었다. 그렇다고 비싼 과자를 사 줄 형편이 안 되었음을 어떻게 설명해야 할까. 점방은 인근 주민과 정으로 이어가는 끈끈한 관계여서, 요즘처럼 불량 식품이라고 시비를 걸거나 고발하는 사람은 없었다.

90년대 초부터 불기 시작한 가게의 대형화 바람에 밀려 자취를 감추기 시작한 점방은 이제 마을당 두어 개가 있을 뿐이다. 살 사람이 손수 물건을 골라 가지고 출구의 계산대에서 계산하기만 하면 되는 마트 전성시대에 살면서, 점방 시대의 인정이 더욱 그리워진다.

집배원들의 단골 문의처이기도 했던 곳이 점방이다. 점방 주인은 마을 사정을 훤히 꿰뚫고, 아무개네 집의 숟가락이 몇 개인지도 정확히 알고 있으니 집배원이 못 찾는 집을 가르쳐 주는 것은 일도 아니었다. 집배 가방을 어깨에 메고 힘겹게 걸어다니던 집배원이 이제는 오토바이를 타고 씽씽 달리는 것만큼이나 세상이 달라졌음인가.

사라져가는 것들의 아쉬움은 사람이기 때문에 필연이다. 편리하고 좋아지는 시대에 살면서도 점방 시대의 인정만은 남아 있었으면 하는 희망사항을 가져 본다.

다시 어머니의 빈방

막내동생이 두 달 전에 부천시에 중형 아파트를 구입했다. 어머니는 당장 가서 보고 싶은 마음을 내색하지 않았다. 가까운 시일에 내가 정기 검진차 서울에 가기로 예정돼 있었기에, 그때를 이용하기로 했다.

어머니는 72세의 연세에다 몸도 불편하고 겨우 한글을 낱글자로 읽는 입장이어서 혼자 여행하시도록 할 수는 없다. 나이 들고 병든 부모를 몰래 버리는 일부 몰지각한 자식들의 예를 따르지 않으려면 말이다.

서울로 출발 일정을 정하고 항공권을 살 때의 일이다. 제주와 서울 간의 항공료는 꽤 비싸다. 그런 사정을 안 어머니는 항공료를 내가 전부 부담한다면 서울에 안 가겠다고 했다. 어머니에게도 돈이 있으니 일부만 부담하라고 했다. 형제간에 조금씩 보태드린 생활비를 말함이다. 몇 번 거듭 말씀드렸으나 어머니의 고집도 만만치 않았다. 결국 왕복항공료의 삼분의 일만 부담하기로 낙착을 보았다. 어머니는 2년 전 과수원 구입으로 아직도 적지 않은 부채가 남아 있는 우리의 사정을 알기 때문에 한 푼이라도 부담을 지우지 않겠다는 배려임을 안다. “빚 없을 때는 하겠다는 대로 하겠다.”는 어머니의 말씀에 더 무슨 사족을 달 필요가 있겠는가.

어머니는 언제나 어머니다.

처음엔 막내동생의 아파트에서 하룻밤을 자고 같이 내려오는 것으로 정했다. 어머니 혼자 공항 이용이 쉽지 않을 것을 예상해서였다. 그렇지만 어머니의 마음이 어디 그런가. 올라간 김에 어린 손자들과 좀더 있고 싶은 마음이 굴뚝 같은 걸 어쩌랴. 어머니 편하신 대로 하도록 간곡히 말씀드렸더니, 며칠간만 더 있다 오겠다고 했다. 5박 6일의 일정으로 변경하니 어머니의 마음이 편안한 것 같았다. 막내동생에겐 어머니가 혼자 내려올 때 난처한 일이 없도록 항공사 직원에게 특별히 부탁해서 탑승까지 문제가 없게 하라고 처음부터 전화로 당부했다.

서울로 출발하는 날은 항공사가 파업을 시작하는 날이어서 꽤 걱정을 했으나 다행히 우리가 이용할 항공편은 정상 운항이었다. 좌석 체킹을 할 때 어머니를 모시고 가니 창측 좌석으로 부탁했다. 어머니는 이번이 세 번째 서울행이다. 막내동생의 대학 졸업식 때와 사촌동생의 결혼식 때 서울을 밟았으니 처음은 아니다. 앞으로 또 서울행의 기회가 있을지는 모르겠지만, 연세도 있고 이번이 마지막 기회가 될지도 모른다는 생각에서 각별히 신경을 쓰지 않을 수 없었다.

요즘이야 자녀가 한둘이 보통이니까 막내가 특별한 의미가 없지만, 40대 이상의 사람들에겐 형제가 네댓은 된다. 그러니 어머니들은 막내에게 각별한 정이 갈 것도 당연한 이치다. 어려보이고, 안쓰러운 마음에 걱정도 많이 하게 되고 그럴 것이다. 큰형인 나와 막내동생은 나이 차가 무려 16년이나 된다.

중학교 2학년 때였다고 기억된다. 어머니가 막내를 출산할 때다. 통물에 빨래를 갔다 온 어머니가 갑자기 진통이 시작되었다. 어린 마음에 당황해서, 3km가까이 되는 거문머들밭에 아버지를 모시러 전속력으로 뛰었던 추억이 아련하다.

구름 위를 나는 항공기 속에서 어머니는 무슨 생각을 하며 밖을 내다보았을까. 다섯 손가락 깨물어서 아프지 않은 손가락 있으랴. 우리 5남매를 잘 키우느라고 없는 형편에 무진 고생을 한 어머니의 마음을 모두 헤아리는 건 불가능한 일이다.

휴대폰 이야기

생활의 편리함을 얘기할 때 빼놓을 수 없는 것이 휴대폰이다. 시간과 장소에 구애받지 않는 편리성으로 이제 성인들의 필수품이 되었다. 휴대폰을 갖고 다니는 사람이 절반을 넘는다고 한다. 올해 4월 말 현재 우리나라 이동통신 가입자가 2,700만 명을 웃돈다는 통계도 있다. 몇 년 전까지만 해도 100만 명 단위였던 것을 생각하면 폭발적 증가세다.

휴대폰을 구입한 지 만 2년이 가까워 온다. 그때만 해도 휴대폰을 갖지 않은 사람이 꽤 있었고, 농부인 입장에서 무슨 휴대폰이 쓸 일이 많을까 해서 구입을 망설였던 것이 사실이다.

이제는 인간관계에서 만나는 사람마다 집 전화번호를 묻는 사람보다 휴대폰 번호를 묻는 사람이 더 많아졌다. 휴대폰 없는 사람이 오히려 이상할 정도의 분위기가 된 지도 오래된 것 같다. 대도시에서는 초등학생 사이에서도 휴대폰 열풍이 분다는 신문의 보도가 있었다. 결국 초등학교 저학년이거나 노령층, 집에 주로 있는 전업주부 등을 빼면 웬만한 사람은 다 갖고 있다는 얘기다.

휴대폰을 구입하고 하루가 지났을 때다. 도서관의 화장실에서 일을 보다가 걸려온 전화를 받고는 '거 참 편리하다.'고 생각했던 적이 있다. 그런데 나중에 알고 보니 그것은 오히려 불편함이었다. 농부도 비 오는 날이나 여유가 있을 때는 집에서 쉰다. 집안에서는 담배를 피우지 않는 것이 내겐 불문율이다. 하루에 고작해야 두세 건 걸려오는 전화에 크게 신경을 쓰지 않는다. 그런데 묘한 것은 담배 피우러 나갔을 때, 화장실이나 목욕실에 갔을 때 걸려 오는 전화가 의외로 많다. 전화를 건 사람은 나중에 다시 걸어서는 왜 그렇게 전화를 안 받느냐고 짜증을 내기 일쑤다. 휴대폰은 백 프로 몸에 지니고 있을 것으로 착각하는 사람이 많지만, 그렇지 못할 때도 많다.

중요한 연락사항이 있어서 휴대폰에 전화를 건 사람도 몇 번씩 되풀이해서 통화시도를 할지언정 메모를 남기는 것은 안 한다. 열 번 남짓 벨이 울린 다음에 음성사서함, 소리폰 등으로 연결된다고 안내가 나오기 마련인데, 웬만하면 휴대폰을 탁 닫고마는 것이 보통이나. 상내의 반응이 없는 상태에서 혼자 중얼중얼 음성메시지를 남기는 것이 여간 껄끄럽지 않아서이다. 가끔 남의 음성메시지를 확인할 때도 어색하기는 마찬가지다. 어느 사람은 왜 음성메시지를 남겼는데, 연락이 없었냐고 물으니까, 메시지를 듣는 법을 몰라서 그랬단다. 휴대폰에 수십 가지의 기능이 있고 보면 절반도 제대로 알고 사용하는 사람이 드문 것 같다. 장년층 이상의 '쉰세대'들은 걸고 받을 줄만 알면 됐지 머리 아프게 이것 저것 알 필요가 있느냐는데 맞는 말이다.

어느 날은 친구가 점심을 같이 하자며 모 파출소 앞에서 만나자고 했다. 약속된 장소에서 10여 분을 기다렸지만, 친구는 나타나지 않았다. 평소 약속을 어기는 친구가 아니었기에 무슨 사정이 생겼나 하고 휴대폰으로 확인해 봤으나 전화를 안 받는다. 세 번 전화를 걸었는데도 불통이었다. 결국 만나지 못했고 심사는 뒤틀렸다. 나중에 알아본즉 출근 때 깜박해서 휴대폰을 놓고 갔단다. 그러면 공중전화로 내 휴대폰에 전화를 하지 그랬냐니까 번호가 생각이 안나더라는 것이다. 휴대폰에 번호를 입력해 놓고 편리하게 사용하다가 휴대폰이 없으니 속수무책이었던 모양이다. 근래 그 파출소가 신축 이전을 했으니 혹 그 장소에서 기다리고 있나 해서 왔다갔다했으나 헛수고였다. 본의 아니게 점심도 굶은 내 입장에서는 불편한 마음이 오래 갔던 경험이었다.

며칠 전에는 서울에 볼 일이 있어서 갔다. 일 년에 네댓 번이 고작인 서울행이어서 늘 촌사람 티가 나게 마련이다. 특히 지하철 이용은 갈아타게 되면 껄끄럽다. 오랜만에 교회에서 알게 된 사람을 만나기로 했다. 지정한 양재역에 내려서 전화를 하기로 했으니 문제가 없는 줄 알았다. 휴대폰으로 연결을 시도했으나 열댓 번의 신호음 다음에 "고객이 전화를 받을 수 없어 소리폰으로 연결…." 하는 안내음이 나온다. 날씨도 몹시 더운데 짜증나는 일이었다. 바쁘면 약속이나 말지, 누구는 시간 남아서 만나자고 한 줄 아나 하는 불편한 심사가 되었다. 십여 분의 간격을 두고 세 번째 통화를 시도했더니 여직원이 받는다. 상대의 말은 듣지도 않고 몇 번 출구로 나와서 어쩌고 하시란다. 됐다고 전화를 끊을 수밖에 없었다. 이미 역 밖으로 나와서 전화를 하는 중인데, 다시 지하철역으로 내려가서 출구를 확인하고 나오기엔 더운 날씨에 지쳐 있었다. 만남을 포기하고 돌아오는 지하철 속에서 매너모드인 휴대폰이 계속 진동했지만 수신을 거부했다. 무슨 바쁜 일이라고 약속시간에 휴대폰을 맡겨 놓고 있을 정도면 만남의 의미도 없고, 전화를 받아봐야 쓸데없는 감정만 남을 것이었다.

순기능이 있으면 역기능도 따라붙는 것은 당연한 이치이다. 이제는 '발신자 표시' 기능을 추가한 가입자도 200만 명 가까이 된다지만, 잘못 건 전화에 미안하다는 말 한 마디 할 줄 모르는 사람이 부지기수다. 전화가 걸려와서 '예, 오 아무갭니다.' 하고 또렷한 목소리로 대답하지만, '그거 김 아무개 핸드폰 아닌가요.'라고 되물으며 끊어버리는 사람들은 정말 짜증이 나게 한다. 그나마 집 전화처럼 덜커더 수화기 놓는 소리가 들리지 않으니 다행이다.

'발신자 정보표시 서비스'가 차츰 필수가 될 전망이다. 걸려온 전화를 받기 이전에 상대방의 전화번호가 액정화면에 표시되어 누군지 확인하고 받을 수 있는 서비스다. 결국 원하는 전화만 골라 받을 수 있다는 얘기다. 내 전화는 많은 사람들로부터 몇 번이나 거부당할까. 실제 휴대전화를 소지하지 않은 상태여서 받지 않을 수도 있고, 발신자 표시를 보고 마음에 안 들어서 받지 않을 수도 있으나 확인할 길은 없지 않은가. 특별한 경우가 아니면 전화 정도는 받아

놓고 보는 여유가 아쉽다. 편리함만 좇다가 삭막한 사회현상을 나무라면서도, 오히려 부채질하는 꼴이니 이걸 어찌해야 되나. 전화하는 것도 눈치껏 해야지, 거부당하면 그 무안함은 또 어디다 비기랴.

휴대폰의 장점은 휴대할 수 있다는 점이다. 사무실 근무자가 아닌 사람에게 휴대폰이 없으면 밖에 나와 있는 동안은 연락 두절 상태가 되고 만다. 감귤원에 작업을 나갈 때는 필히 휴대폰을 챙긴다. 농약치는 작업을 제외하곤 언제든 휴대폰 수신이 가능하다. 휴대폰은 목에 걸기보다 바지주머니에 넣고 다닌다. 벨소리가 들리면 우선 장갑을 벗고 휴대폰을 꺼내서 수신 상태가 될 때까지 벨이 대여섯 번은 울린다. 벨이 화급하게 울리는 것 같아 불만이지만, 중요한 일들을 놓치지 않을 수 있으니 좋다.

휴대폰 챙기기에 소홀하지 않았더니 중요한 전화도 몇 번 받았다. 어떤 날은 밤새 충전시켜 놓았는데 잘못 걸린 전화조차 한 통화 없으면 섭섭해진다.

휴대폰 챙기는 데 실수가 없어야 복잡한 세상을 그나마 편히 헤쳐간다는 생각으로, 오늘도 감귤원에 가면서 휴대폰부터 확인했다.

자리 찾기

산다는 것은 간단한 일이다. 그러나 산다는 일만큼 복잡한 일이 또 있을까. 이렇게 양극적인 생각을 갖게 하는 다른 무엇은 드물 것이다. 주변 사람들과 대화를 나누다 보면 혼자만의 생각이 아니라 대다수의 사람들이 공감한다. 세상이 어려워지면서 한 번 택했던 자리에서 쫓겨나는 사람들도 많다. 다행히 다른 회사로 쉽게 자리를 구할 수 있으면 전화위복이 될 수 있지만 대부분 희망사항일 것이다. 직장 문에 한 번 들어가 보지도 못하고 실직자라는 짐을 지고 있는 대졸자도 있으니, 자리 찾기란 인생에서 얼마나 어려운 과제인가.

읽은 지 20년도 더 돼서 잘 기억이 나지 않지만, 법정 스님의 ≪서 있는 사람들≫이란 책이 있었다. 버스를 타고 흔들리면서 꾸준히 앉을 기회를 찾는 사람들은 삶의 한 모습일 것이다. 서 있기만을 원하는 사람은 자리 찾기에 피곤해서, 또는 가야할 길이 짧으니까 일 것이다.

이제는 버스보다 지하철이 대중교통 수단으로 한 몫을 차지하는 대도시가 늘고 있지만, 지하철도 서서 가기는 불편하다. 눈치하면 세계 어느 나라 사람들보다도 빠른 우리들 아닌가. 눈치껏 빈자리를 찾고 앉아가는 것도 때로는 마찰을 일으키는 걸 본다. 빈자리 찾기에 두 사람이 한꺼번에 시도하면 한 사람은 밀려난다. 상대가 좀 미안한 마음을 가져주면 쉽게 양보할 수 있는 것을, 당연한 것처럼 대응하면 불쾌한 감정이 튀어나오고서야 마무리가 되는 걸 본다.

두 달쯤 전의 일이다. 일요일이어서 교회에 갔다 와 보니 아들의 여자 친구가 내 서재에서 함께 컴퓨터를 하고 있었다. 오랜만의 만남에 방해되지 않으려고 빈자리를 찾기 시작했다. 나중에 알고 본즉 여자 친구가 집에 온 것과 몇 분도 안 되는 시차를 두고 내가 집에 온 것이었다. 안방에선 딸애가 TV를 시청하고 있었고, 아들의 방에선 2주 만에 찾아오는 황금의 휴일을 아내가 낮잠을 즐기고 있었다. 내가 갈 곳은 없는가고 머리를 굴리는데, 이내 딸애의 방이 비어 있음을 알았다. 20평 단독주택에 방이 네 개라면 알아 볼 만하지 않은가. 그 중에서도 딸애의 방은 두 평 남짓이 될까. 다리를 펴고 겨우 누울 수 있는 비좁은 방이다. 머릿속에 반짝 불이 들어오는 순간이다. TV도 없고 컴퓨터도 없고 있으나마나한 자리를 짧은 순간에 얼마나 찾아 헤매었던가. 책이라도 읽으려면 그나마 할 수 있었지만, 오랜만에 낮잠을 청했다. 있으나마나한 자리에 내가 있어 준 덕분에 아들의 여자 친구는 한 시간 남짓 부담없이 놀다 갔다. 있어야 할 자리에 있는 것도 힘들지만, 있으나마나한 자리를 찾기도 어려운 일임을 새삼 깨닫는 순간이었다.

자식 키우는 것을 흔히 농사일에 견주어서 자식농사라 하지 않던가. 농부가 봄에 씨를 뿌리는 것으로 농사가 끝나는 것은 아니다. 제때에 김매기도 하고 비료도 주고 땡볕에 농약을 치는 어려움도 감당해야 풍작을 바라볼 수 있는 것 아닌가. 온갖 정성을 쏟지도 않고 풍작을 기대하는 것만큼 쓸데없는 희망은 없으리라고 본다. 농사에도 나름대로의 처방을 갖고 정성을 다하듯이, 자식농사에도 정성을 쏟는 것은 결코 무익한 일이 아님을 터득하고 있다.

자식농사에 대해서는 저만큼 한 마디씩 하고 싶은 말이 많은 줄 안다. 공부 잘하는 우등생도 필요한 것이 사회지만, 모두가 우등생이 되려고 노력할 필요도 없다는 것이 평소의 지론이다. 웬만한 것은 스스로 깨닫도록 유도할 뿐이지, 이래라 저래라 간섭을 않는 것이 평소 자식농사의 방법이기도 하다. 물고기를 주지 말고 물고기를 잡는 방법은 가르쳐 주라는 것은 유태인의 교육 방법이라고 한다. 다행히 아들이나 딸이나 우등생은 못 되더라도 제 위치를 찾기에 노력하고 스스럼없이 행동하는 것에 만족을 느끼고 있다.

일마 전 면허를 딴 지 두 달밖에 안 된 아들이 새벽에 교통사고를 낸 일이 있었다. 새벽 두 시에 전화를 걸어온 아들이 교통사고임을 알렸을 때 놀라지 않을 부모가 어디 있겠는가. 우선 다친 곳이 전혀 없음을 확인하고 동승했던 친구 셋과 일을 처리해 보라고 한 적이 있었다. 가해 운전자는 뺑소니였지만, 증거가 될 만한 범퍼의 파편을 줍고 파출소에 연락해서 현장검증을 하고, 다음날 넘버를 확인해 둔 가해자를 경찰서에서 불러내서 보상을 받기까지 거의 관여를 하지 않았다. 나중에야, 사고 처리까지 경험했으니 이제 진짜로 면허를 취득한 것이고, 항상 조심하라는 충고로 마무리지을 수 있었다.

인간은 어떤 형태로든 한 집단에 소속됨으로써 생의 기본적인 안정감을 찾으려는 것이 본능적인 생리인 것 같다. 그래서 소속을 통한 안전욕구를 충족시키려고 부단히 자리 찾기에 열중하는 운명을 지고 태어났는지도 모른다. 모든 일에서 자리 찾기가 어려운 일임에 틀림이 없지만, 그마저도 없다면 인생은 얼마나 허망한 것이랴.

산다는 것은 끊임없는 자리 찾기가 아닌가.

제5부

음치의 막춤

한라산의 공기

한라산의 맑고 깨끗한 공기가 상품화된다고 한다. 좋은 생각이면서 좀 씁쓸한 기분이 드는 것은 왜일까.

사람이 살아가는 데 물과 공기는 필수다. 그럼에도 그냥 자연의 일부로만 받아들였을 때는 아무런 문제가 없었다. 소유의 개념이 적용되지 않으면 그렇다. 물은 언제부터인가 돈을 줘야 사 먹을 수 있는 것으로 바뀐 지 오래다.

공장이 거의 없고 깨끗한 자연 환경을 자랑하는 제주에 살면서, 수돗물을 마음대로 마실 수 없음은 비극이다. 건강 과민증의 사람들에게 고운 시선을 보내지 못할 뿐더러 여전히 수돗물을 별도 처리없이 마시고 있다. 약한 것이 사람의 마음인지 대부분의 가정에서 정수기를 사용한 식용수, 먹는 샘물인 '삼다수'를 식용수로 사용하는 것을 보면 찜찜할 때가 있긴 하다. 텔레비전에서 무슨 문제

알아 맞추기로 편가르기를 하는 게임 프로가 있었다. 자신이 없는 사람은 눈치껏 사람이 많은 데로 뛰어간다. 안전을 욕구하는 무의식의 작용일 것이다.

먹는 샘물이 시판될 때만 해도 물을 음료수로 사 먹는 사람이 얼마나 될까 했는데 쓸데없는 걱정이었다. 야외라도 나갈 일이 있으면 필수품이 되었다. 건강에 좋다면 지렁이도 마다 않는 우리이니, 무엇인들 건강과 연결시키지 않을까. 50대가 되도록 특별한 건강관리도, 보약 한 첩도 먹어 본 일이 없는 나로서는, 건강에 호들갑을 떠는 사람 치고 건강한 사람을 못 봤다.

먹는 물의 상품화가 자연을 이용한 마지막 상품이겠구나 생각했었다. 공기도 상품화한다니 이제 물, 공기도 돈 내고 마시는 사람과 나처럼 오염된 물과 공기를 마시는 사람으로 양분되는 세상이 곧 오지 않을까 적이 걱정된다.

공기의 상품화는 외국에서는 이미 있는 일로 알고 있다.

두 달 남짓 전에 한라산을 오르면서 땀이 나도록 걷고 난 뒤에 살랑 불어오는 바람 맛이 참 달다는 느낌을 가졌었다. 바람 맛이라는 것이 있을 리 없지만, 달리 표현할 더 적합한 말을 알지 못한다.

한라산의 공기는 땀의 대가를 아는 사람만이 맛볼 수 있다는 생각을 가지며 하산했었다. 상품화는 안 될 것이라는 기대를 하면서 말이다.

그런데 며칠 전 지방신문에서 '청정 한라산 공기 시제품 생산 성공'이라는 제목이 눈에 띄지 않는가. 반가운 뉴스라기보다는 이게 아닌데 하는 느낌이 강했다.

한라산의 맑고 깨끗한 공기가 상품화된다. 제주도보건환경연구원에서 지난 4월 말부터 한라산 공기의 상품화 작업에 착수했다니, 내가 등산을 했던 바로 그 시점이다. 그래서 남보다 느낌도 강하게 받는 모양이다.

한라산 해발 700m 천아오름과 Y계곡에서 청정공기를 200배로 압축해 캔에 담은 시제품 3천 개를 생산하는 데 성공했다는 것이다. 청정공기를 마셔 보는 아가씨의 표정 사진이 한라산의 공기처럼 맑아보이기는 하다.

상품용기인 스틸 캔(650ml)의 사진이 현관의 신발장 위에 있는 바퀴벌레 살충제인 에어졸 캔과 흡사한 느낌을 준다.

제품화된 한라산의 맑은 공기는 산소 함유량이 20%여서 삼림욕 효과를 볼 수 있고, 오염물질이 거의 없는 청정 상태를 유지한다고 한다. 그런 만큼 긴급환자 발생 시와 화재 시 의료용, 운동 뒤 피로 회복에 효과를 기대할 수 있을 것이다.

또 공기 순환이 제대로 이뤄지지 않는 지하상가나 자동차 등의 탁한 실내에서 이용가치가 높을 것이다.

한라산 공기의 상품화는 제주도의 청정 환경 이미지를 부각시키겠지만, 돈이면 다 되는 세상에 살면서 선한 목적이 그대로만 유지될까 하는 걱정이 든다.

우유로 욕조를 채워놓고 목욕하는 유한마담도 있는 세상이다. 그까짓 공기쯤 트럭으로 사다가 100평이나 되는 아파트를 한라산 숲속으로 만들겠다는 졸부들이 없을 리가 없다. 판매가도 캔당 천 원선에서 결정될 것이라는 전망이다.

공기, 물까지 사서 마시면서 진시황의 호강을 누려 보겠다는 사람이 있는 반면에, 공기는커녕 물 한 모금 사 마시고 싶어도 동전 몇 닢이 없어서 갈증을 참는 사람이 있는 것이 세상 아닌가. 아니 그런 사람은 물을 사 먹을 돈이 있으면 한 끼의 양식인 라면을 살 것이다.

서울 등지의 여행에서 제주 공항에 내리면 우선 코끝이 시원하다는 느낌이 들곤 했는데, 공기도 사 마셔야 되는 세상에 제주인으로서의 긍지를 느껴야 될 일인가.

물이나 공기가 상품화될 것을 예전에 생각이나 했던가.

지루한 장마도 이제 막바지에 이른 것 같다. 날씨가 개면 한라산을 등산하면서, 수십 캔의 공기를 미포장으로 마셔 볼 계획이다.

이혼

지루한 장마가 계속된다. 불볕 더위를 잘 견디지 못하는 체질이면서도 햇빛이 그리워짐은 막을 수 없다. 장마를 견뎌낼 수 있음은 햇빛 비치는 날이 확실히 보장돼 있기 때문일 것이다.

살아가는 날들에도 장마기 같은 짜증이 있기 마련인데, 요즘은 장마기를 견뎌보려는 노력도 없이 이혼으로 치달으니 딱한 노릇이다.

예전에는 삶의 장마기도 견뎌보고 몇 번씩 심사숙고한 다음에 이혼을 해도 했으나, 요즘은 안 그런 모양이다. 우리에게도 참지 않고 이혼부터 해놓고 보는 시대가 열렸다.

작년 한 해 12만 쌍이 이혼했다는 통계 보도는 많은 생각을 하게 한다. 갈라설 이유가 생기면 자식이나 부모 형제, 친구, 이웃 등 누구의 눈치도 볼 것 없이 이혼을 한 결과다. 결혼한 세 쌍 가운데

한 쌍 꼴로 이혼하고, 재혼하고 다시 이혼하는 사회로 돌입했다는 보도가 있었다.

이곳 제주에서도 하루에 13쌍이 결혼하고 5, 6쌍은 성격 차 및 가정불화 등을 이유로 이혼하고 있단다.

결혼식 때 주례 앞에서의 서약을 많은 사람들이 기억하고 있을 것이다. 검은머리가 파뿌리가 되도록 해로하고 사랑한다고 서약했던 것을, 서약은 서약일 뿐인가.

30년 전에 비해 열 배나 늘어난, 한 해 12만 쌍 이혼 시대에 살면서 이혼을 하지 않는 사람들은 이혼 사유가 없어서 궂은일, 좋은 일을 함께 하고 있는가를 생각해 본다.

결혼 19년 동안 이혼 문제를 심각하게 생각해 본 적이 딱 한 차례 있었다. 잘 나가던 공직생활에 제동이 걸렸던 때다.

성격이 모난 상사 밑에서 비위를 맞추면서 버텨내려고 3년 동안 노력한 결과는 노이로제를 겸한 우울증으로 발전되었다. 결국 공직사퇴라는 최악의 상황으로 치달았고, 살고 싶지 않다는 말을 밥먹듯이 하는 남편을 좋아할 여자가 어디 있겠는가.

물론 나로서는 견딜 수 없이 괴로운 시련이었다. 살기도 싫고 밥조차 먹기 싫은데 힘내라고 한들 먹힐 일인가. 정상적인 상황에서 명퇴를 당해도 하늘이 노랗다는데, 스스로 제어할 능력을 잃어버린 병 중의 상태로 뭘 어떻게 한다는 말인가. 육체가 병들면 정신적인 의지로 극복할 수 있다지만, 정신이 병들면 건강한 육체가 아무 소용에도 닿지 않았다.

아내가 병 중의 남편에게 잘 대처해 주지 않는다고 야속하게만 생각되었다. 물론 아내로서도 큰 시련이었고 최선을 다했겠지만, 정신적인 어려움을 겪고 있는 환자에게는 역부족이었다.

서로 갈라서야겠다는 결심을 둘 다 했었지만, 실행은 되지 않았다. 아내로서는 병 중의 남편을 두고 다른 길을 찾는 것이 모양새가 좋지 않았다. 나로서는 우울증이 심화되어 있었으니 이혼 같은 것을 처리할 정신도, 능력도 없었다.

그때가 살아오는 동안 최대의 위기였다. 지금 대학 1년, 고교 2년인 아들, 딸을 바라보면서 험난한 삶의 풍랑을 잘 이겨냈다는 만족감도 있다. '중요한 건 나'라는 혼자만 아는 세태에서 자녀는 무슨 죄인가. 세상이 어렵다 해도 자녀를 팽개치고 혼자만 재혼으로 더 편한 삶을 살면 무슨 의미가 있는지 모를 일이다.

완전한 인간이 없듯이 꾸준히 모자람을 보충하는 삶, 이해하는 삶, 무리수를 포기하는 삶, 수용하는 삶, 견디는 삶이 절실히 필요한 시대인 것 같다.

아인슈타인은 상대성 이론의 정의를 이렇게 말했다고 한다.

'한 남사가 예쁜 여자와 한 시간 동안 나란히 앉아 있으면 그 한 시간은 1분으로 생각되겠지요. 그러나 그가 뜨거운 난로 옆에 1분 동안 앉아 있으면 그 1분은 한 시간이나 되게 느껴질 거요. 그게 바로 상대성이오.'

결혼하고 살아가는 과정도 상대성 이론이 적용되지 않을까. 부부가 서로를 위한다면 어려운 시련도 잠깐이라고 생각되지만, 마음을 돌리면 하는 일마다 첩첩산중으로 가로막히고 평생 같이 할 것을 생각조차 못한다. 재혼이 부끄러울 게 없다는 인식이 확산되어서인지, 참는다거나 기다린다는 것이 무슨 뜻인지 모르는 사람들이 늘어간다.

옛날에는 결혼 25주년인 은혼식, 50주년인 금혼식도 당연한 것처럼 여겼다. 이제는 오히려 그것이 희귀한 사례가 되고, 금혼식이 뭘 말하는지 인터넷 검색 창을 열어 보고서야 아는 시대가 됐다. 이혼은 무조건 잘못이라는 데는 동의할 수 없으나, 기다림의 아름다움도 경험했으면 하는 생각이다.

제주 출신의 영화제작자인 고형욱 씨는 ≪맛있는 이야기≫라는 책에서 '맛있는 음식을 먹는다는 것은 기다림'이라고 했다.

"쑥국을 먹기 위해서는 봄을 기다리고, 수박을 먹기 위해서는 여름을 기다린다. 송이 향을 맡기 위해 가을을 기다리고 하얀 굴 빛깔을 보기 위해 겨울을 기다린다. 그렇게 사계절이 가고 해가 바뀐다."고 적었다. 맞는 얘기다. 아무리 쑥국을 먹고 싶다 한들 열대야로 잠못 이루는 여름에 가능할까. 인터넷 시대라 지구촌 정보를 몇십 초 만에 알아내는 세상이지만, 그것은 기다림이 없이는 불가능한 것이다.

오늘 바쁜 세상에 살면서 '기다림'은 시인들의 시구에나 나오는 추억의 단어쯤으로 생각하고 있는지 모를 일이다.

'콜럼버스의 달걀 세우기'처럼 결과는 누구나 할 수 있는 일이지만, 과정에 눈 돌리는 사람은 좀체 없다. 내게도 그 어려웠던 시절, 사는 것이 얼마나 힘들고 거추장스러웠는지 말 못할 시련이었다. "등 돌리고 잠자는 남편이 너무 싫어 이혼했다."는 여자도 있는 세상이다. 내 병이 나은 다음 이혼해도 하자는 기다림으로 위기를 넘졌던 아내에게 애정을 보낸다.

지나고 보면 그 정도의 어려움이야 사는 데 다반사가 아니냐고 쉽게 아는 척하는 사람들에게 굳이 어려운 설명으로 동의를 구하려고 하지 않는다. 사는 것은 저마다의 방법대로 길을 찾아가게 마련이니까.

사랑이 없으면 언제든지 헤어질 준비를 하고 있는 것이 '합리적인 결혼관'처럼 유행이다. 이혼 과정도 협의 이혼은 밥 먹기보다 쉽다. 판사는 이혼할 때 딱 세 가지를 묻는다고 한다. "부부냐.", "이혼하겠냐.", "아이는 누가 맡는가."가 전부다. 협의 이혼을 결정한 마당에 무슨 긴 말이 필요할까. 그렇지만 기다림의 아름다움을 알면 갈라설 이유도 사라지지 않을까 생각해 본다.

행글라이더 동호인들은 수십 킬로그램의 장비가 든 배낭을 지고 산을 오른다. 그 다음에야 새처럼 하늘을 나는 기쁨을 맛본다.

어우렁더우렁

무보수라도 기분 좋은 일이 있다. 아무나 할 수 없는 일을 의뢰받았을 때다. 그 과정까지야 남다른 관심을 갖는 노력이 필요하다. 그 분야에 조예가 깊다는 정도의 입소문은 있어야 무슨 사연이든 의뢰가 있을 것이다.

어느 날은 아내가 백화점 동료를 대표해서 모임의 명칭을 의뢰하는 것 아닌가. 임대 백화점이어서 입점주가 대부분 여자다. 열 명이 모여서 친목회 성격의 모임을 만들기로 했단다. 모임 이름을 정하질 못했는데, 아무개의 남편이 작가니까 잘 지을 것이라며 내게 낙착이 된 모양이다.

내심 작명 실력을 인정받는 것 같아 반가우면서도 걱정이 됐다. 마음에 맞지 않을 경우 아내의 백화점 동료들 간에 '지가 무슨 작명가라구.' 하는 반응이 돌아올 것은 불을 보듯 뻔하다.

아들이 스무 살이니 작명에 심취했던 것이 벌써 20년 전의 일이다. 자녀의 이름만은 꼭 손수 짓고 싶었다. 아들은 입도 20세손이 되는 장남 가계이니 조상의 함자를 건드리지 않는 것도 좀 쉬운 일이 아니었다. 좋은 뜻의 쓸 만한 한자는 이미 다 사용해버린 것 같았다.

갑자기 일이 닥쳐야 좋은 수를 찾으려면 쓸데없는 노력이 되는 경우가 많다. 아들이 출생하기 전부터 작명학(?)에 심취했었다. 작명학에서 얘기하는 대로 이름만 좋으면 인생이 잘 풀리는 것은 아니지만, 아무렇게나 지은 이름이 좋을 것도 없지 않은가.

이름에 잘 쓰는 좋은 뜻의 한자, 총획수로 운세 보는 법, 성과 이름의 좋은 조합, 이름의 획수 조합으로 본 초년 운, 중년 운, 말년 운 등 공부할 것도 많았다. 지금은 모두 잊었지만 그때는 달달 윌 정도가 됐었다. 시장 골목에 돗자리를 펴고 앉았으면 영락없는 작명가가 될 판이었다.

아무튼 아들 이름을 손수 지었다. 아버님께 여쭈었더니 아무래도 못 미더웠던지 진짜 작명가에게 가서 검증을 거쳤다. 실수는 언제나 숨어 있는 복병인가. 아들 이름 끝 글자의 한자 획수를 한 획 틀리게 파악하고 있었던 것이다. 그래서 이름 자의 받침 하나를 고치고 그에 맞는 한자로 바꿨다. '빛날 형' 자를 '빛날 혁' 자로 바꾼 것이다. 작명에 좀 아쉬움이 남는 부분이었지만, 아마추어로서 그만하면 됐다고 자위했다.

그렇게 해서 시작한 작명이 딸애의 이름은 물론이고, 고등학교 동창생의 아들 이름까지 지어줬다. 설마 자녀의 이름을 되는 대로 작명했다는 사람은 없을 것이다. 그렇다면 뭘 믿고 고등학교 동창은 작명을 의뢰했을까를 생각해 봤다. 작명을 할 줄 안다고 누가 소문냈을 리도 없다. 모든 일에 성실함을 보이는 성격임을 동창은 3년 동안의 학창생활에서 알고 있었다. 남의 일이니 대충 해치우지 않을 것임을 알았던 것이다.

다른 사람의 믿음을 저버리지 않으려고 노력하는 것 또한 보통사람의 순수한 마음일 것이다. 부탁을 거절할 수 있는 입장도 아니고, 선뜻 그러마고 대답한 결과는 며칠을 고생했다. 본의 아니게 이상한 느낌을 주는 이름을 지을 수도 있고, 막상 불러 보면 연음현상 때문에 우스운 경우도 있다. 잘못된 이름을 개명하려면 그것이 전화번호 바꾸는 것처럼 만만한 일도 아니다.

동창생 친구의 기대에 부합할 수 있는 이름을 작명하려고 세심한 부분까지 고려해서 작명한 결과, 친구는 대만족을 표시했다. 마뜩찮은 표정만 짓지 않아도 성공적이었는데, 마음에 든다며 고마워하니 내가 고마울 지경이었다.

하나밖에 없는 누이동생의 여조카 이름을 작명할 때다. 한글 이름을 원하기에 그 분야의 책을 어렵게 구했다. 수십 개의 이름을 선정해 놓고, 부르는 데의 문제, 연음의 문제, 성과의 조화, 사용빈도 등을 면밀히 체크한 결과 선정된 이름이 '보람'이었다. 성이 이씨이니 오래 전 일이지만, 내심 성공한 작명이었다고 생각한다.

작명의 명성을 쌓다 보면 의뢰도 들어오기 마련인가. 아내가 장사를 하는 백화점은 직영 백화점이 아닌 임대 백화점이다. 당연히 코너마다 입점주들이 있는데 대부분 40대 전후의 여자들이다.

아내의 백화점 동료들은 가끔 스트레스도 풀 겸 뜻에 맞는 열 사람이 친목회를 구성했다. 그 이름을 무엇으로 할 것인가를 고심하던 끝에 작명의 대가(?)가 생각났을 것이다. 평소에도 손님이 없는 시간에 서로 수다를 떨 것은 보지 않아도 알 만하다. 아무개 남편의 술버릇, 잠버릇부터 못할 말이 없을 것이고, 나도 하루에 몇 번쯤은 그 수다의 도마 위에 올려지고 있음이 틀림 없다.

문제는 작명료도 없는 형편에, 글 쓰는 사람이 뭐 친목회 이름 하나 제대로 못 지으면서 작품을 쓴답시고 난리냐는 반응이 돌아올 개연성이 충분하다는 데 있다. 다른 한편으로 생각하면 글 쓰는 사람답다는 명성을 얻을 절호의 기회이기도 했다. 무려 열 사람의 자원 홍보요원이 생길 터이니까.

무슨 일이든 조건이 까다로우면 좋은 결과를 도출해내기가 어렵다. 평범한 친목회 이름은 뺀다, 구성층의 연령과 여자라는 점을 고려한다, 입점주 곧 여사장들이니 그 분위기도 고려한다, 독특한 의미가 담겨 있으면 좋다 등등 작명 시 유의할 점을 스스로 정해 놓고 작업에 들어갔다.

국어사전을 수십 번 뒤적이면서 열 개 정도의 시안을 만들고, 최종 다섯 개로 줄였다. 나름대로는 사전을 찾다가 우연히 눈에 띈 '어우렁더우렁' 이란 부사가 참 좋았다. 뜻 자체도 '여러 사람 속에서 함께 어울려 지내는 모양'이니, 이름이라고 명사를 고집할 필요도 없었다. 그렇지만 오십대를 눈앞에 둔 사람이 사십대 전후의 생각에 맞지 않을 수도 있다는 안전판을 마련했다.

영문 이름, 한자 이름, 한글 이름 해서 다섯 개의 시안을 마련하고 작명 의도 등을 첨부해서 선택은 그녀들이 하도록 했다. 아침에 출근하는 아내의 손에 들려 보내면서 어느 이름이 낙점될까 궁금했다.

결과는 대성공이었다. 글 쓰는 사람답게 선택의 여지를 준 모든 이름이 다 좋지만, '어우렁더우렁'을 모임의 명칭으로 정했다고 했다.

'어우렁더우렁'은 '엄벙덤벙'하고는 전혀 상관이 없는 말이면서도, 조금은 그런 느낌도 받는다. 어려울 때는 엄벙덤벙하고도 볼 일 아닌가.

경제가 풀리지 않으니 장사가 신통치 않아 속상할 때가 많은 모양이다. 그럴지라도 어우렁더우렁 살다 보면 햇빛 드는 날도 있을 것이다.

만성피로증후군

"힘들고 어려울 때 소주만한 게 어디 있습니까?"

모 소주 회사의 광고 카피다. 소주라면 한 잔도 못 마실 것 같은 여자 탤런트의 미소가 조화를 이룬다.

연 2주를 넘게 밤에는 25도를 넘는 열대야, 낮에는 32도를 오르내리는 찜통더위가 정말 힘들다. 감귤원의 작업을 챙기는 것도 그렇지만, 가만히 있어도 고역이다. 소주 한 잔으로 풀리는 어려움이라면 오죽 좋으랴만, 해결 방법은 날이 가기를 기다리는 수밖에 없다.

잠을 제대로 못 잤으니 아침에 일어나도 가벼운 기분이 없고, 두어 시간 있으면 찌는 듯한 더위에 짜증부터 난다. 좀 움직일 일이라도 있으면 금세 피곤해지는 것 같다. 아는 것도 병일 수 있다.

얼마 전 신문에서 '만성피로증후군'에 대한 건강 특집을 읽었다. 뚜렷한 원인 질환없이 극심한 피로가 6개월 이상 지속되는 경우를 말함이다. 누구든 좀 피로를 느낀다고 그 시점을 수첩에 기록해 놓는 사람은 없을 테고, 나 역시 그렇다. 오래 전부터 지금처럼 피로한 증상을 느낀 것도 같고, 무더위가 시작되면서부터인 것도 같고 종잡을 수 없다.

생활환경이 복잡하게 변화되면서 자신의 건강에 대해 많은 관심들을 갖는다. 그래서인지 어설픈 건강상식도 꽤 축적되기 마련이다. 막상 불편한 증상이 있어서 진료를 받으려면 어느 진료과로 가야할지도 모르면서 말이다.

잠을 잘 못 자고, 특별히 힘든 일을 하는 것도 아닌데, 항상 피로감에 시달리니 나도 혹시 만성피로증후군에 걸린 것이 아닐까 의심이 된다. 선부른 자가 진단을 하고 제멋대로 치료법을 택하는 것은 금물이다. 피로를 유발하는 원인에 대한 정확한 진단을 받고 볼 일이다.

흔히 암이라고 부르는 악성종양은 신체의 어디에서고 발생할 가능성이 있다고 들었다. 예기치 않은 부위에 혹 같은 것이 만져지면 일단 진단을 받아보는 것이 좋다고 했다.

20년 전쯤의 일이다. 어느 날 목에 혹 같은 것이 만져지고 누르면 아픈 것이 아닌가. 말로만 듣던 좋지 않은 병에 걸린 것은 아닌가 의심이 될 만했다. 걱정을 하면서 몇 군데 의원을 돌았다. 잘 모르겠으니 정밀진단을 해봐야 결과는 알 수 있다고 했다. 하지만 딱 한 군데 의원에서 "별 이상 아니니 쓸데없이 만지지 말고 가만히 놔두라."는 처방이었다. 아무튼 그 일로 다시 진단을 받아본 일도 없고, 20여 년이 흘렀으니 별 이상이 아니었음이 틀림없다.

지나친 무관심도 과도한 염려도 모두 건강엔 적이 될 것이다. 인체에 생기는 병이 모두 몇 가지인지도 모른다. 아마 수백 가지의 병이 있지 않을까. 그래선지 의사도 사람마다 천차만별인 증상을 다 알지 못하고, 환자가 막연히 주장하는 고통에 덧붙여 '신경성' 뭐라는 식으로 판단할 때도 있다고 한다. 아무 이상도 없다는데, 고통스러운 것은 분명한 환자가 얼마나 많은가.

피로가 무슨 병이냐고 하는 사람도 있다. 질병으로 보기에는 애매한 부분이 있으니까 '증후군'이라 할 것이다. 증후군은 몇 가지 증세가 늘 함께 인정되지만, 그 원인이 분명하지 않거나 단일이 아닐 때에 병명에 따라 붙이는 명칭이다.

만성질환은 대부분 피로를 동반하는데, B형간염과 결핵이 대표적 질환이라고 한다.

군에 있을 때 급성간염으로 두 달 동안 입원치료를 받은 일이 있다. 그때도 어느 날 갑자기 심각한 증세를 느낀 것은 아니었다. 다른 사병과 마찬가지의 훈련과 업무에 종사했기 때문에, 이겨내야 하는 피로감인 줄만 알았다. 소변이 심상치 않게 황달색이 되어도 피로의 누적인 것으로 짐작했다. 눈에 보이는 큰 이상이 아니고서야 부대의 의무실에 들락날락할 입장도 못 됐다.

자연 치유될 수도 있는 감기 같은 가벼운 증상이 아니고서야, 병을 방치하는 것은 병을 키우는 지름길이다. 어느 날은 아침 조회 시에 몸이 흐물거려 차렷 자세를 제대로 취할 수 없었다. 더 이상 견뎌낼 수 없는 극도의 피로감이 엄습했다. 의무실로 직행한 결과는 급성간염이란 진단이 내려졌다. 다시 내무반에 돌아와보지도 못한 채로 야전병원, 후송병원으로 급속히 후송됐었다.

그때의 경험이 좋은 계기가 되어 신체의 이상 감각을 제때에 체크하려고 애쓴다. 우리나라 돌연사의 40프로가 과로사라는 연구 결과도 있다.

피로는 '좀 쉬라.'는 인체의 경고 메시지로 알고, 순응할 일이다.

요즘처럼 32도를 오르내리는 날은 감귤원의 일을 쉰다. 쉬는 날은 더위를 참지 못할 때마다 하루에 열 번쯤은 샤워를 하면서 피로감을 잊어보려고 진력한다.

오늘은 두어 차례 소낙비가 있는 날이다. 갑자기 창문으로 튀는 빗방울을 막느라고 창문을 닫는데, 휴대폰이 요란하게 울렸다.

문단에 추천해 준 수필가 겸 소설가인 L선생님의 시외전화였다. "요즘도 글 좀 쓰냐?" 한마디에 피로가 달아나는 느낌이었다. 만성 피로증후군은 걱정 안 해도 되겠구나.

음치의 막춤

지명의 나이에서 돌아다보면 산다는 것은 얼마나 많은 것을 요구하느냐를 느낀다.

건강하고 별로 모자라거나 어려운 것도 없이, 행복한 사람들은 무슨 소리냐고 할 것이다.

건강, 직장, 돈, 결혼생활, 자식농사, 인간관계, 명예 모두 항상 따라붙는 숙제다. 요구사항이 많으니 어느 것 하나는 포기하고 싶지만, 그럴 수 있는 것은 아무것도 없다. 그뿐이랴. 노래방에선 노래할 줄 알아야 하고 남이 춤출 때는 춤도 같이 춰야 보통사람 아닌가.

무슨 일에든 보통 축에는 끼어야 살맛이 나겠는데, 그러지 못한 사람의 고충을 보통사람은 모른다. 음치도 여간 고충이 아니다. 사람 사는 세상에서 흥을 돋워 노래를 부를 자리가 얼마나 많은가. 보통사람은 폼만 잘 잡고 한 곡 뽑으면 서로 신이 나는데, 음치는 가시방석 위에서 시간이 더디 갈 뿐이다. 괜히 주눅들어 활발하지도 못하고, 큰 웃음이 나오지도 않는다.

음치인 것을 알았던 것은 초등학교 고학년 때부터였다고 생각된다. 남들이 즐거운 음악시간이 제일 고역이었고, 내가 노래를 부르기만 하면 애들이 웃었기 때문이었다. 더욱이 부끄러움을 많이 타고 내성적이었으니, 노래 시간만 되면 마칠 때까지 내내 홍당무였다.

음치의 절정은 중학교 음악 시험 시간이었다. 잘 부르고 못 부르고를 떠나서 불렀다는 이유만으로 기본점수 60점이 내겐 고정된 점수였다. 장학금의 기회도 음치 점수 때문에 항상 놓쳤다. 지금 생각해도 억울한 경우였다.

음치의 고민은 중학교에서 끝났으면 좋으련만, 노래가 세상에 있는 한 고민도 함께 할 것이다. 80년대 이후 노래방 열풍이 닥치면서 마치 '전 국민의 가수화(?)' 라도 되는 듯, 너도 나도 모임의 2차는 노래방을 선호했다. 대신 음치의 입지는 그만큼 좁아져서 친구 서넛만 모여도 노래방 가자고 할까봐 좌불안석이었다.

이제는 '음치치료사'라는 생소한 자격증 소지자가 국내에만 1천5백 명이나 있다는 신문기사를 읽으면서, 나 같은 음치가 다시 없길 바랐다. '불치의 음치는 없다.'고 하니, 음치에겐 복음과 같은 희망이다.

요리조리 노래부를 기회를 잘 피하던 음치에게 위기는 왔다. 대학 졸업 후 첫 직장이 생명보험 회사였다. 영업소장 연수를 받을 때, 아침 조회를 인도하는 일은 노래가 필수였다. 노래로 시작하는 아침이 보험설계사들에게 활력을 준다는 것이 명분이었다.

남이야 웃건 말건 오기로 노래를 불렀다. 누구 말마따나 처자식이 눈앞에 훤한데, 음치라는 이유로 사직을 한다는 것은 음치보다 더 부끄러운 일이었다.

그때의 오기가 지천명의 나이까지 노래방을 무서워(?)하지 않게 된 동기가 됐다. 진일보해서 남들이 인정해(?) 주는 막춤의 대가가 되었다. 음치를 벗어나지 못한 한이 막춤으로 발전되었다.

막춤이란 단어는 국어사전에도 없는 말이다. 흥이 나면 추는 어깨춤부터 디스코춤, 막춤으로 발전됐다고 추측할 뿐이다. 그 흔한 사교춤이니 뭐니 춤에 대해서 배워본 적이 없다. 막춤도 음치를 다소나마 커버할 요량으로 개척한 독창적인 연구(?) 결과였다.

노래방만 가면 주눅들지 말고 보완할 수 있는 방법을 찾기로 했다. 어쨌든 나로 하여금 남이 즐거울 수 있다면 성공 아닌가. 그것은 춤이었다.

그런데 생각은 좋았지만, 춤을 어떻게 출 것인가는 더 문제였다. 빠르게 돌아가는 번쩍번쩍한 조명 속에 디스코춤을 춰보기로 했다. 웬만한 어색함은 그 분위기 속에 묻혀버리니 해볼 만했다.

발 처리는 그럭저럭 되겠는데, 팔 처리가 힘들었다. 수동 기어차를 타던 사람이 처음으로 오토매틱 자동차를 탈 때와 같다고 할까. 출발이나 변속 시마다 클러지를 밟넌 왼빌 처리기 버릇 때문에 자꾸 헛간다. 엉거주춤 공중에 떠 있을 때도 있다. 디스코든 막춤이든 팔을 오토매틱 자동차의 왼발처럼 해서는 안 될 것이었다.

어느 날 팔을 움직일 그럴 듯한 아이디어가 떠올랐다. 한 번 해보자고 모임의 뒤풀이에서 시도해 본 결과 대성공이었다. 전혀 어색하지 않게 팔을 제대로 흔들 수 있었다. 그것은 팔을 곤봉체조할 때의 리듬대로 흔들자는 것이었다.

대학 신입생 때의 교양 체육은 학점 취득에 신경을 쓴 과목이었다. 운동에도 노래만큼이나 소질이 없었기에 체육 실기는 음치에 버금가는 두려움이 있었다.

체육 실기는 곤봉체조로 결정되었다. 올 것이 왔구나. 교수의 팔 놀림이 부드럽고 우아하다는 느낌뿐, 몇 번씩 구분 동작으로 보여 줬어도 내게는 아득하기만 했다. 부드럽게 머리 위로 팔을 돌리면서 곤봉체조 연습을 하는 동료가 부러웠다. 내 딴에는 최선을 다했지만, 시험 결과는 F였다. 여럿이 떨어지긴 했지만 부끄럽고 창피한 일이었다. 재시험의 기회를 준다는 말에 용기를 얻어 꿈속에서도 곤봉 체조를 했다. 재시험에서는 통과였다. 30년이 가까워 오는 일이지만, 뻣뻣하던 팔이 곤봉을 손에 쥐고 그렇게 부드럽게 돌아갈 수 있었는지 신기할 정도다.

곤봉체조의 경험이 오늘 막춤에 지대한 공헌을 하리라는 것을 누가 알았을까.

며칠 전에는 오름동호회 회원들과 2차 뒤풀이로 단란주점을 갔다. 작은 무대가 있고, 술 기운이 오르니 모두들 노래도 부르고 춤도 췄다. 무엇을 하든 어울리는 자리에서는 함께 즐길 수 있어야 하는 것이 기본이다.

춤은 폼으로 추는 게 아니라 흥으로 추는 것이다. 막춤도 아무 생각없이 막무가내로 추는 춤이라면 곤란할 것이다. 보는 사람에게 즐거움을 줄 수 있도록 최선을 다하고 볼 일이다. 동행했던 동호회

회장이 "그 춤 어디서 배웠냐? 나도 소개 좀 해 주라."는 한마디가 온통 땀으로 범벅된 심신을 달래주었다.

세상 어렵다면서도 잠시 쉬고 싶은 마음이 노래를 부르게 하고, 춤을 추게 하는 것일 것이다.

막춤을 신나게 추었던 날이 요즘의 내게도 가장 좋은 날이었다.

사각지대

'순간의 선택이 10년을 좌우한다.' 모 전자 회사의 광고 카피다. 10년도 더 된 그 광고 카피가 오래 기억에 남는 것은 맞는 말이기 때문일 것이다.

살다 보면 순간의 선택은 10년이 아니라 평생을 좌우할 때가 많다. 많은 예도 필요없이 처음의 만남은 순간의 선택에서 비롯됐을 텐데, 한 남자와 여자가 만나서 시작되는 결혼 생활은 평생을 좌우하지 않는가.

문득 이런 생각을 해 본다. 순간의 선택은 언제나 사각지대를 도외시하기 쉬운 함정을 내포하기 때문이라고. 사각지대는 신경을 쓰지 않아도 되는 곳이 아니라, 특히 주의해야 함에도 불구하고 지나쳐버린다.

사각死角의 사전적 풀이는 첫째로 사정거리 안에 있으면서도 장애

물 따위로 화력이 미치지 못하는 범위, 둘째로 가까운 곳에 있으면서도 눈이 미치지 못하는 일이나 범위이다. 그러고 보면 사각은 원래 군사 용어로 쓰이지 않았나 추측된다. 사각에 대한 판단이 정확하지 못할 경우 중대한 결과를 가져올 것임은 미루어 추측할 수 있다.

운전 경력이 28년째이지만 그동안 접촉사고 한 번 없었다. 수송부대에서 군 생활을 했던 관계로 사고의 위험을 당하기도 했고, 보았기 때문에 남보다 세심한 주의를 하는 편이다.

어느 날은 편도 2차선 도로의 2차선에서 운행하다가 1차선으로 바꿔야 되겠다고 생각했다. 물론 백미러로 뒤에 오는 차가 없는 것을 확인했다. 차선 변경을 위해 신호지시등을 켜고 들어서려는데 어느 새 따라 붙었는지 다른 차량이 바로 꽁무니에 있었다. 아찔한 순간이었다. 차량 두 대가 나란히 있으면 백미러엔 보이질 않는다. 사각지대인 것이다. 신호지시등을 켬과 동시에 무리하게 차의 머리를 들이미는 운전습관이었으면 두말할 필요없는 대형 사고로 이어질 뻔했다. 급히 신호지시등을 끄고 제 차선을 유지했지만, 급박한 놀람을 주기에 충분했던 옆 차선의 운전자에게 진정으로 미안했다.

또 한 번 사각지대의 위험에 대해서 체험했던 적이 있다. 어느 마을에 승합차를 운전하고 가서 손님을 내리고 출발할 때였다. 잠시 정차했다가 출발할 때는 당연히 뒤에 사람이 있는지 여부를 확인했다. 차를 조금 후진하는데 누군가 급히 차체를 두드린다. 뒤에 할머니가 아이와 같이 앉아 있는데 후진을 하면 어떡하느냐고 언근 주민이 거세게 욕을 하는 것이었다. 1분도 안 된 사이에 있을 수 있는 일인지 도무지 이해가 안 됐다. 사고가 없었으니 다행으로 생각하고 백 배 사죄하는 것으로 일단락됐다. 사각지대가 있다고 하지만 어떻게 그런 일이 일어날 수 있는지 믿을 수 없음은 지금도 마찬가지다.

천백도로를 타고 서귀포에서 제주시로 가는 제주시의 초입에 '도깨비도로'가 있다. 인터넷 시대에 무슨 도깨비 같은 소리냐고 하지 말길 바란다. 지금은 하루 수백 명의 관광객이 체험 실습을 하는 관광지로 각광을 받고 있다. 시동을 끈 자동차가 오르막을 스물스물 기어오르는 희한한 체험은 잠시 기가 막힐 일이다. 그렇지만 그것은 주변환경과 도로 구조가 그럴 듯하게 어울린 착시현상일 뿐이라고 한다. 어쩌면 사각지대를 눈치채지 못하고 곤란을 당하듯이 착시현상도 일종의 사각지대라고 생각해 본다.

사각지대는 의외로 어디든지 숨어 있다. 오름(제주도 기생화산체)을 찾는 사람들에게 오름 경관을 해치는 주범은 정상 조망을 망치는 송전탑이다. 송전탑의 경우 현재 585개가 설치돼 있고 총 연장은 제주도 둘레 2배 가까운 435km가 개설돼 있다는 신문 보도이다. 송전탑은 경관뿐만 아니라 대규모 산림을 훼손하고 생태계 교란까지 일으킨다고 한다. 오름 등산을 할 때마다 수려한 경관을 헤치는 송전탑을 눈에 가시처럼 바라보곤 했다.

조천읍 송당리의 체오름을 오르고 하산할 때다. 등산은 다른 코스였기 때문에 송전탑을 모른 채로 지나쳤다. 하산길에서 잠시 쉬는 동안 송전탑을 못마땅하게 쳐다보고 있었다. 그런데 이런. 송전탑에서 이어져 온 고압 전선이 어느 선에서 뚝 그친 것이 아닌가. 불필요한 시설이라면 산림 훼손을 해가면서 하지 말아야지 하는 반감이 끓어올랐다. 환경 · 시민단체들이 아우성이건 말건 한전은 거대한 몸을 믿고, 하고 싶은 대로 밀고나가는 것인가 하는 생각에 서였다.

그렇지만 잠시 후 머쓱해졌다. 어쩜 그렇게 오차도 없이 사각지대에 서 있었을까. 하던 시설을 중도에 그만둘 리가 없다. 송전탑에서 이어진 전선은 동서로 이어지다가 내 앞의 송전탑을 기점으로 남북으로 이어지고 있었던 것이다. 'ㄱ'자로 꺾인 부분의 모서리에 서 있었으니, 정확한 사각지대였던 것이다. 자리를 옮겨서 다시 쳐다볼 기회가 없었다면 불필요한 오해만 잔뜩 안고 돌아올 뻔했던 것이다. 사각지대의 의미를 실감나게 경험했던 경우였다.

저마다 바쁘다고 하면서 살아가는 요즘, 생활의 사각지대도 분명 있을 것이다.

형제간이나 이웃의 사정에 무관심한 사각지대 속에 살고 있지나 않는지 하는 생각을 해 본다.

농부와 헛수고

때로는 아무 보람이 없는 헛수고를 예측하면서도, 헛수고를 하는 사람들이 있다. 그들은 농부다. 물론 나도 그 중의 한 사람이다. 농산물을 팔아봐야 생산비도 건지지 못할 것을 알지만 농사를 포기할 수 없음은 농부가 되어 봐야 안다.

아마 농부는 기상청 예보관 다음으로 하늘을 많이 쳐다보는 사람이 아닐까. 날씨와 가장 밀접한 관계를 갖는 것이 농업인 까닭이다. 여름이면 장마가 얼마나 길고, 비는 얼마나 올 것인지, 태풍은 영향을 미칠 것인지 모두가 신경쓰인다.

무더위로 지쳐 있는데 일기예보마저 갈피를 잡지 못하고 오락가락할 때였다. 그 즈음의 일기예보는 소나기가 온다는 얘기서부터 최고 80mm의 강우량까지 수시로 바뀌었으니, 답답하기만 했다. 5~40mm의 예상 강우량은 '비가 올 수도 있고 안 올 수도 있다.'는 뜻이니 예보로서 별 의미가 없다.

귤나무에 농약치기는 아무 때나 하면 되는 것이 아니다. 적기에 작업을 해야 효과가 있기 때문에, 그 적기의 날씨가 몹시 신경쓰게 한다. 농약을 쳐야 할 적기를 놓칠 수는 없는데, 일기예보를 들으면 좋은 날씨가 못 됐다.

더 이상 늦출 수 없어서 농약을 치기로 한 날의 예보는 '구름 많고 오후 한때 소나기, 비 올 확률 30%였다.' 잘 맞지 않는 일기예보가 그날따라 대충 맞을 줄 누가 알았으랴. 동생과 함께 새벽부터 준비해서 오전 중에 일을 끝낼 요량이었다. 오전 열 시쯤 됐을까, 흐려지는 하늘을 보며 설마했는데 큰비가 쏟아지기 시작했다. 두 시간 동안의 농약 살포작업은 완전히 헛수고였다. 분무기만 챙겨넣고 농약호스 등은 그대로 널어둔 채 맥없는 철수를 할 수밖에 없었다. 과수원을 빠져나오는 동안 빗물은 코에서부터 심볼까지 줄줄 흘러내리고 있었다. 일기예보는 물론 하늘을 쳐다보며 자가관측까지 한 후에 최종 결정을 하기 때문에, 이번처럼의 헛수고는 일 년에 한 번 성도 있을까 말까다.

그만한 헛수고쯤이야 헛수고가 아닐지 모른다. 지난 2년 연속 감귤 가격의 하락으로 지역 경제에는 먹구름이 잔뜩 끼어 있다. '99년도에 75만 6천 톤의 풍작이었을 때 감귤은 돈이 되지 않고 애만 먹이는 천덕꾸러기였다. 지난해 감귤 소득도 필요 경비를 제외하면 10a당 1만 원 정도의 손해를 본 것으로 집계됐다. '99년산에 이어 2년 연속 감귤에는 농업소득세 미과세 조치가 내려지는 참담한 상황이었다. 헛수고의 가슴을 쓸어내리는 아픔은 3만 6천 감귤 농가 전체의 시련이었다.

특히 2년 연속으로 노지감귤 가격이 무너지는 모습에 실망한 농가들이 가격이 좋은 만감류인 한라봉으로 말을 갈아탔다. '한라봉 재배가 곧 성공의 지름길'인 것처럼 급증 추세에 있지만, 확실한 대안이 될 수 없음에 고민이 있다. 시설비와 농용수 문제 등 아무나 덤빌 여건도 아니다. 1ha 미만을 소유한 영세 감귤농가가 74%에 이른다는 것이 그 어려움을 설명해 준다. 제주 지역 농업소득의 60%를 차지하는 감귤산업이 무너질 경우 지역 경제는 파산에 이를지도 모른다.

지난해는 적정생산량 60만 톤을 밑도는 56만 톤을 생산하고서도 유례없는 가격 폭락이 있었다. 이전까지는 적정생산량만 유지되면 좋은 가격을 받아왔던 농가들에게 낙심천만의 일이었다. 지금까지의 적정생산이론은 2000년산 감귤가격의 폭락으로 믿을 수 없는 것이 돼 버렸다. 그뿐이랴. 1년 동안 헛수고한 아픔으로 '제주에서 감귤산업은 끝났고, 희망이 없다.'고 하는 사람들이 늘고 있다. 감귤=부, 감귤을 재배하면 돈이 된다는 얘기가 옛 말이 된 지 오래다.

8월의 막바지에 도농업기술원에서 관측 조사한 올해의 감귤생산 예상량은 71만 3천 톤이다. 지난해 예상량 56만 톤에 비해 27% 가량 늘어난 것이며, 악몽의 '99년 생산량과 비슷한 수준이다.

연초부터 지난해의 감귤이 처리되자마자 올해산 감귤의 풍작을 걱정하면서, 하루도 마음 편할 날이 없었다. 지난해는 사과 1개 값이 밀감 1관, 배 1개 값은 밀감 2.5관꼴이어서, 밀감은 완전히 3류 과일로 전락한 느낌이었다.

감귤 조수입은 지난 '90년대 중반의 최고점 이후 계속 감소세다. 물가 상승을 감안하면 현상유지라도 해야, 지역 경제가 살아날 텐데 하는 조바심을 갖는다.

서귀포시는 감귤농업이 전체 농사의 80%가 된다. 2년 연속 감귤 가격폭락의 여파로 상인들도 장사가 안 된다고 울쌍이다. 주머니가 비어 있는데 무엇을 사고 무엇을 한단 말인가. 감귤농사를 하는 농민들은 농사를 포기하고 싶지만, 그러지도 못한다. 대안이 없기 때문이다.

막연히 가격이 회복되지 않을까 하는 기대감으로 오늘을 버텨낸다. 이제 두어 달 후면 올해산 감귤이 출하된다. 어느 가수의 노래처럼 '그 얼굴에 햇살을'이다. 중국산 감귤에 이어 칠레산 감귤까지 복병으로 대기하고 있는 마당에 갈 길은 험하기만 하다.

감귤 산업이 어려움에 봉착해 있는 것은 사실이지만, 끝난 것은 아니라고 생각한다. 육지부에서도 쌀 등의 식량작물마저 값 하락이 불가피할 전망이어서 아우성이라고 한다. 도대체 뭘 심어야 하냐고 마땅한 소득작목이 없어 답답한 농심은 마찬가지다. 그렇다고 우리나라의 농사가 이제 결딴났다는 소리를 들어본 일이 없다. 다른 사과나, 배, 단감 등의 과일류 역시 수입 과일류와 경기 침체의 영향으로 불안정한 상태란다.

3만 6천 감귤농가의 공동 희망사항은 가격안정과 수급조절일 것이다.

조그만 헛수고보다는 전체가 헛수고가 되는 일이 올해는 없었으면 하는 농부의 마음이다.

맛

창밖을 보니 점점 구름이 많아져가는 날씨다. 날씨의 변화도 어느 새 좋아지고 나빠짐을 잘 알 수 없듯이 맛에 대한 느낌도 그럴 때가 많다.

맛에 대한 얘기를 할 때 거의 음식 맛에 따른 얘기이겠지만, 맛의 의미도 여러 가지임을 사전을 찾아보고서야 새삼 알게 된다.

첫째로는 음식물 따위가 혀에 닿았을 때 일어나는 느낌이다.

둘째는 어떤 일에 대한 재미 또는 만족감이다. '살림 맛을 알게 되다.' 등의 예로 쓰인다.

셋째는 어떤 일을 몸소 겪음으로써 비로서 알게 되는 느낌이나 기분, 분위기 따위를 말함이다. '농촌의 구수한 맛', '패배의 쓰디쓴 맛' 같은 용례로 쓰인다.

사람마다 느낌의 차가 큰 것은 여러 가지다. 가령 아름다움을 보는 눈도 열이면 열, 저마다 다르다. 내 눈엔 더할 수 없이 아름다운 여인도 남의 눈엔 아니올시다 하는 경우를 보게 된다. 그래서 '제 눈에 안경'이란 말이 나왔는가 싶다.

그 중에서도 음식의 맛에 대해서는 유별난 느낌이 들 때도 많다. 자기가 보신탕을 좋아하니까 남도 그러리라고 판단해서 무조건 권유하는 사람을 보면 딱하게 생각될 때가 있다. 물어보지도 않고 돼지새끼회 같은 특이한 음식을 먹으러 가자고 하면 일단 거부반응이 생긴다. 음식을 가리는 편이 아니어서 아무거나 잘 먹는 식성이어서 난처하기까지 한 일은 없었다.

맛은 혀에 닿았을 때의 느낌이 틀림없지만, 맛을 좌우하는 것은 감정상태나 생각에 따라서도 달라질 수 있다는 것이다. 남자라면 누구나 보신탕을 좋아할 것 같지만 그렇지 않다. 애완용이 아니더라도 개를 키우는 사람은 보신탕 같은 음식을 싫어하는 것을 본다. 사람의 마음을 알기라도 하는 듯한 개를 키워 본 사람이 개고기를 쉽게 먹을 수 있을까. 또 약간 느끼한 것 같은 맛과, 국물에 뜨는 기름이 역겨워서 싫다는 사람도 있다. 맛에 대한 공통분모도 있겠지만 예외가 많음도 인정할 수밖에 없다.

형제간에도 식성은 달라서 똑같은 음식에 대한 맛을 느낌은 세각각이었다. 5남매를 둔 어머니는 입맛이 짧은 동생에 대한 걱정을 많이 하셨다. 특히 군 입대를 하게 되자, 그나마 마음을 놓은 것은 장남이었다. 나는 원래 입맛이 까탈스럽지 않아서 여지껏 뭘 먹을까 걱정해 본 일이 없다. 막내가 군에 입대했을 때는 막내이기 때문에도 걱정했지만, 입맛이 짧아서 굶지나 않을까 더 염려하셨던 것으로 기억한다.

음에 대한 감각이 둔하고, 목소리의 가락이나 높낮이 등을 분별하지 못하는 사람을 음치라 한다. 그러면 맛에 대한 구별을 정확히 하지 못하는 사람은 '맛치' 인가. 물론 맛치란 단어는 사전에도 없는 말이다.

생선회를 먹어 본 친구들은 그 재료가 무엇인지 금방 알아낸다. 갓돔이니 우럭, 방어, 잡어 등의 고기 종류를 정확히 알아내니 신기하다. 내가 생선회를 좋아하지 않는 편이냐 하면 그렇지도 않다. 맛있으니까 잘 먹긴 하는데, 재료가 무슨 고기인지를 알지는 못한다. 삼겹살 비슷한 오리고기도 돼지고기 삼겹살인 줄 알고, 맛있게 먹는 형편이니 아무래도 맛 구분이 잘 안 되는 것 같다.

얼마 전엔 오름동호회원들과 같이 송악산을 오르고 돌아오는 길에 저녁식사와 술을 곁들인 뒤풀이가 그곳 식당에서 있었다. 토종닭이 주요리인 이유도 있었지만, 또 한 번 '맛치'의 실력을 유감없이 발휘했다.

기껏 토종닭 요리라고 생각하면서 맛있게 먹었는데, 그것은 기러기 요리 풀코스였다. 어쩐지 토종닭 요리가 좀 이상하다 하긴 했다. 쓸개즙 술부터, 샤브샤브, 백숙, 죽 순서로 나왔는데, 다 먹을 때까지 요리 종류를 눈치채지 못했다. 다른 회원에게 물어 보고서야 토종닭이 아님을 알았다. 하긴 처음 먹어보는 요리의 맛을 알 수 없긴 하지만, 맛 구분이 너무 늦었다.

생각해 보면 맛 구분이 더딘 것은 혼자만이 아니었다. 오래 전 직장에 다닐 때의 일이다. 아는 사람이 말고기를 먹어보라며 얼마간 나눠 줬다. 마침 저녁식사를 같이 하게 된 처제에게는 쇠고기라고 얘기해 뒀다. 쇠고기하고 비슷하지만 빠른 사람은 금방 눈치채기 마련이다. 처제는 쇠고기가 오늘은 맛있다며 잘 먹었다. 나중에 아내가 말고기라고 사실을 알려 줬을 때야 느낌이 이상해졌는지 웩웩 했다. 맛에 대한 잊을 수 없는 얘기로 남아 있다.

다툰 사람하고는 얘기는 할 수 있어도, 식사는 같이 못 한다는 이유를 알 것 같다. 사랑하는 연인끼리도 손을 잡는 것보다 먼저 음식을 같이 먹는 맛의 공유부터 시작하지 않는가.

음식 맛만 중요한 것이 아니라, 세상 사는 맛이 없다면 무슨 재미로 살아갈까.

지천명의 나이에서 사는 맛을 손상하지 않는 삶을 살고 있는지 한 번쯤 되돌아볼 일이다.

면접

어느 날은 신문을 보다가 눈빛을 빛냈다.

기사 제목이 '튀는 신세대… 면접관이 혼난다.'였으니 그렇다.

이제 튀어볼 생각을 하기에도 글렀고, 부부간의 '밀린 숙제' 하기에도 짐스러울 나이이니 무슨 설명이 더 필요하랴. 튀는 얘기를 읽으면서 공감하는 부분이 적지 않으니, 아직은 희망이 있다. 그렇거나 말거나 관심이 가지 않는다면 이미 노인세대의 문턱에 와 있겠기에 말이다.

면접은 직접 만나봄, 면대의 뜻이 있지만 면접 시험의 준말로서 쓰이는 경우가 대부분일 것이다. 면접시험은 직접 만나보고 인품이나 언행 등을 시험하는 일이니, 사실상 부담스럽다. 예전엔 필수이던 필기시험은 다른 객관적 자료로 대체 가능하니까 거의 없어진 모양이다.

기성세대와 전혀 다른 사고방식과 생활패턴을 가진 신세대를 'N세대'라 부르는 모양이다. 흐르는 물이 썩지 않는 물을 만들 듯이 사람 사는 세상에도 N세대가 있어야 활력이 돈다고 생각한다.

얼마 전 모 백화점의 신입사원 면접시험이 있었다. 인사담당자들은 젊은 응시자들의 거침없는 발언에 당혹할 지경이었다고 한다.

'이 회사 신입사원 연봉이 얼마냐.', '이사님 연봉은 얼마냐.', '좋은 곳 있으면 옮기겠다.' 등 N세대의 당돌한 질문에 사오십대의 면접관이 혼쭐났다고 한다. 어떻게 보면 누가 누구를 면접한 것인지 모를 정도다. 머리를 노랗게 물들이고 나타난 경우도 20%는 됐다고 한다. 50줄에 들어선 기성세대로서는 이해하기 어려운 부분이다.

면접시험장의 새로운 풍속도 중의 또 하나는 적지 않은 숫자가 다른 직장을 경험한 '경력사원'이었다고 한다. 맞는 직장에서 '하고 싶은 일을 꼭 하겠다.'는 젊은 그들이기에 가능한 욕구일 것이다.

모 자동차 회사의 영업사원 면접에서는 머리를 노랗게 염색한 신세대를 채용했다. 면접관이 염색 이유를 묻자 "나를 한 번 본 사람은 끝까지 나를 기억할 수 있을 것이기 때문."이라고 했다는데, 슬며시 웃음이 배어나오는 명답이다. 미리 준비하지도 못한 답이었을 텐데, 그만한 순발력이면 영업사원으로 문제가 없을 것 같다.

또 다른 염색자의 변인즉 "앞으로 차를 사는 고객들에게 노래를 한 곡씩 불러주어 고객에게 깊은 인상을 심어주겠다."고 했다. 그 때의 면접관의 설명이 설득력이 있다. "영업사원을 뽑을 때 틀에 박힌 '성실한 대답'보다는 '면접관의 기억에 남는 튀는 대답'을 하는 사람이 실제 입사 후 일을 잘하는 사례가 많다."면서 튀는 대답을 했던 두 사람은 현재 우수한 판매실적을 올리고 있다나.

살아오면서 꼭 입사시험의 면접은 아니더라도 면접의 기회는 여러 번 있었다. 그 중에서도 모 생명보험 회사의 영업소장 후보 면접이 오래 기억에 남는다.

대학 졸업 후 보험회사가 첫 직장이었다. 20년 전의 일이다. 경력사원을 뽑는 시험이었는데도, 대입시의 3년 재수기간을 직장에 근무한 것처럼 적당히 위장해서 응시한 것이다. 어쨌든 서류전형, 필기시험, 1차 면접을 통과하고 서울의 본사에서 최종 면접이 있었다. 20여 층의 본사 건물에서 제주에서 1차 면접을 통과한 동료 두 명과 개별 면접이었다. 자신있게 대답하고 떨어지면 다른 기회를 잡자는 생각이었다.

전무이사와 독대한 면접이어서 남의 눈치를 볼 수도 없었다. 몇 가지를 물어보던 중에 결론쯤에 이르러 "제주도는 지역이 좁으니까 접하는 일도 적고 생각하는 것도 좁을 것 아니냐." 면서 대답을 기다린다. 당돌하게도 내 대답은 크게 튀어나왔다.

"무슨 근거로 지역과 사람을 연결시키느냐. 어려울 것 없이 일단 채용해서 써 보고 나중에 얘기해도 될 말이 아니냐."고 큰소리치고는 아예 합격은 기대하지 않았다. 전무는 의외로 호탕하게 웃고는 더 말이 없었다.

그런데 결과는 제주 응시자 세 사람 모두 합격이었다. 동료 응시자들이 당당하게 면접에 잘 대응했다며, 사 주는 소주를 같이 마셨다. 소주까지 얻어먹고 면접도 통과했으니 면접 후일담으로 기억이

지워지지 않을 것이다.

여러 가지 목적으로 새로운 사람을 만나는 것도 일종의 면접이라 해도 될 것이다. 누구의 소개로, 아니면 우연한 기회에 직접 알게 된 사람은 서로 면접(?)의 과정을 거치게 될 것이다. 대화의 기법을 보고 계속 만날 필요가 있는 사람이다 아니다를 평가하게 되는 것이다. 좋은 인상을 남기는 사람에게는 다음 만남을 위해서 명함이나 휴대폰 번호라도 알려달라고 하기 마련이다.

언젠가는 비상 면접으로 정말 당황했던 적이 있다. 마음의 준비가 있는 면접과 전혀 생각 밖의 면접과 어떻게 같을 수가 있는가.

선을 본다는 것도 인생이라는 가장 큰 시험의 면접이다. 아내를 만난 것은 전통적인 중매는 아니었으나, 발전된 중매였다. 아내를 몇 번 만나면서 집엘 한 번 가보고 싶었다. 어느 날은 잠시 아내의 방을 구경했으면 좋겠다고 했더니 선선히 응했다.

처음이니 그쪽 집 구조를 모르고 안내하는 대로 따를 수밖에 없다. 아내의 방으로 가는 줄 알았는데, 안방의 여닫이문을 밀자 장인, 장모가 앉아 계시는 게 아닌가. 이런 비상사태가 될 것은 생각지도 못했기 때문에 꽤나 당황했다. 살아오면서 그때처럼 준비없는 큰 면접을 치뤄 본 적이 없다. 눈에 띄지만 않았으면 도로 나올 수도 있었는데, 꼼짝없이 아내의 작전에 당한 것이었다. 큰절을 넙죽 올리고 침착하게 묻는 말에 대답하는 외의 방법이 없었다. 나중에 아내에게 물어본즉 그때의 면접은 합격이었다고 했다. 그렇게 일언반구도 없이 사람을 당황하게 하는 법이 어디 있느냐고 아내에게 항의하면 지금도 고소한 듯 웃는다.

사람은 사람 사이에서 살게 마련이니 면접은 언제든 있기 마련이다. 남에게 좋은 인상을 줄 수 있는 면접술을 항상 익힐 일이다.

제주의 갈옷

열대야로 잠못 이루고 연일 30도를 웃도는 더위로 기진맥진했던 여름이 다 가고 있다.

무더위에 지쳤는지 올해는 '꼭' 하던 것을 잊고 지나쳤다. 그것은 갈옷을 장만하자던 계획이다.

신문을 보다가 '전통 갈옷의 재창조 작업'이라는 사설을 읽었다. 문득 갈옷 생각이 떠오른 것이다.

며칠 전 표선면의 성읍민속마을에서 가진 '남제주의 멋, 친연 염색 체험 현장'은 제주직인 멋을 찾은 행시였다. 지난해에 이어 두 번째로 관광객과 주민 5백여 명이 참가했다는 소식이다. 옷에 감물을 들이는 것을 본 지가 초등학교 때였으니 몇십 년이 흘렀다. 이제는 사라져가는 아쉬움으로 갈옷이 더욱 생각키운다.

갈옷은 멋을 위한 옷이 아니라 노동복이다. 그럼에도 어찌된 일인지 일은 제대로 안 하는 한량 같은 사람이 멋으로 갈옷을 입은 걸 보면 역겨운 생각이 든다. 그래서 갈옷을 장만한다던 것을 미루다가 지나쳤는지 모르겠다.

감귤이 주소득원이 되기 이전의 제주 사람들의 삶은 일 년 내내 노동복을 벗을 틈이 없는 각박한 삶이었다. 따라서 일상복이 노동복이었고 갈옷이 그것이다. 갈옷은 감물을 들인 옷인데, '갈중이'라는 제주어로 불렸던 것을 기억한다.

무명이나 광목으로 만든 옷에다 8월에 감씨가 여물 무렵이면 풋감을 따서 으깬 감즙으로 물들였다. 감물 들일 때는 날씨가 좋은 날을 골라서 풋감을 따서 바로 으깨야 좋은 감즙을 얻을 수 있었다.

다른 일도 그렇겠지만 갈옷 만들 때는 시기와 정성이 어우러져야 좋은 옷을 마련할 수 있다. 감물 들인 옷을 햇볕이 잘 드는 곳에서 말리는데, 마르는 대로 물을 축이면서 골고루 햇볕이 쪼이도록 해야 고운 색이 난다.

감물 염색법은 제주 사람들의 실정에 맞게 고안해낸 실용적인 염색법이었다. 갈옷을 만드는 데 특별히 비용이 들 것도 없으니 말이다. 몇 년 전까지만 해도 텃밭에 심어 놓은 감즙용 감나무를 어렵지 않게 볼 수 있었다. 말만 잘하면 감물 들일 풋감을 조건없이 얻는 것은 쉬운 일이었다. 어렸을 적에 부모님이 돈 주고 풋감을 사다가 갈옷을 만드는 것을 본 일이 없다. 도시화가 되면서 사라지는 인정과 함께 감물 들일 풋감도 사라진 것 같아 아쉬워진다.

요즘도 갈옷을 작업복으로 입고 일해 본 사람은 다른 옷은 맞지 않아서 다시 갈옷을 찾는다.

갈옷의 진면목은 땀이 많은 여름철에 나타난다. 몸에 달라붙지 않아서 땀이 차지 않고, 통풍성이 좋아 시원하다. 갑갑한 작업복을 입고 일했던 사람은 우선 심볼이 시원함을 느낄 것이다. 더러움이 덜 타서 빨래가 수월하다. 땀에 젖은 옷을 그냥 두어도 쉽게 썩거나 상한 냄새가 나지 않는다. 과학적 연구로도 자외선 차단 효과와 항균성이 뛰어나다고 하니, 선인들의 지혜에 고개가 끄덕여진다. 감즙에 의해 만든 갈옷은 한 벌이면 이삼 년간을 입을 수 있는 질긴 옷이었음도 기억한다. 일이 년쯤 입다가 풀기가 죽거나 색이 바랬을 때 다시 감물을 들이면 새옷 같았던 것도 눈에 선하다.

이곳에선 밭일이 거의 없어졌지만, 갈옷은 아직도 밭일에는 최상의 옷이며 자연환경과 생활 여건에 순응한 의생활이었다고 생각한다.

육지부의 농촌에도 갈옷이 있는지 여부는 알지 못한다. 그렇지만 돌과 바람으로 대변되는 척박한 땅을 일구노라고 애쓰는 과정에서 제주 선인들이 고안해낸 산물이 아닐까.

문득 갈옷이 그리워짐은 갈옷과 더불어 그 시대의 인정까지 그리워지기 때문이 아닌가 한다. 모두들 어렵게 살면서도 넘쳐나는 인정이 있었기에, 오늘 사람들처럼 힘겹게 살지는 않았다고 생각된다. 없지만 넉넉했었다는 말뜻을 오늘의 젊은 세대들이 알기나 할까.

일을 할 때 몸에 달라붙지 않고, 시원하고, 더러움 덜 타고, 땀에 젖은 옷을 그냥 두어도 썩거나 상하지 않는 갈옷.

처세에 능한 사람들만 늘어가는 세태에 갈옷 같은 사람이 그리워진다. 갈옷 같은 친구는 어디 없을까.

제6부

끝나지 않은 숙제

보수교육

잘 잊어버리는 인간의 습성을 보완하기 위한 것이 보수補修교육이다. 일반 직장에서나 공직에서나 보수 교육은 필수다. 새로운 인터넷 환경에 적응하기에도 바쁜데 보수교육은 별로 달갑지 않은 경험들이 있을 것이다.

내게도 공직 생활을 하는 동안 두 차례의 보수교육 기회가 있었다. 어느 예비군 교관의 말을 빌리지 않더라도, 인간은 원래 교육받기를 싫어하는 동물이라는 이론에 동의한다.

바쁜 업무를 떠나서 쉬면서 교육을 받으면 좀 좋은가. 그런데 그게 아니었다. 밤을 새워가면서 업무에 관한 지식을 반복, 반복 암기하는 시험 공부에 질려버렸다. 교육 성적은 승진에 반영되고, 승진은 명예와 처자식의 안녕을 더욱 공고히 할 수 있는 유일한 방편이어서 그랬을까. 소숫점 이하까지 반영되는 교육 성적에 무지하게 매달리는 것까지는 좋은데, 공부를 안 하고는 같이 대화를 할 동료가 없었던 기억이 새롭다.

어느 날은 그 지겹던 보수교육이 지금도 수시로 이어지고 있는 것 같은 느낌을 지울 수 없었다.

평소 좀 덜된 손님들의 꼴불견이 보기 싫어서, 목욕은 집에서 해결하는 편이다. 추석 뒤치다꺼리를 하고 나서 피곤해진 아내가 아침에 목욕을 가자고 했다. 오랜만에 따뜻한 물에 쉴 겸해서 그러자고 했다.

목욕탕은 영락없는 보수교육 현장임을 이내 알게 된다. 추석 뒷날 아침이라 교육 현장은 비교적 한가했다. 현관에서 목욕비를 지불하고 남탕 입구에 들어섰다. 여기서부터 지위고하를 막론하고 유치원 수준의 보수교육이 시작된다.

'신발은 옷장에, 보관되지 않은 물품은 책임질 수 없습니다. 주인백' 명령대로 신발을 옷장까지는 못 가져가고 신발장에 얌전히 모셔놓은 다음 교육장으로 들어섰다.

탈의실 옆의 화장실에 잠깐 들르니, '껌, 휴지, 꽁초 등은 휴지통에 버립시다.'는 교육이 기다리고 있었다. 그럼에도 바닥엔 꽁초가 하나 뒹굴고 가래침도 뱉어져 있었다. 유치원도 못 다닌 사람이 들어왔겠지. 좌식 변기는 조금만 삐딱하게 앉아서 일을 봐도 물에 잘 씻기지 않는 경우가 있다. 그걸 겨냥해서 '일은 정확하게, 정조준!'이라고 교육(?) 문구를 써놨던 목욕탕도 가봤다.

화장실 옆의 벽면엔 '어린이들은 남을 위하여 큰소리로 떠들지 맙시다.'라는 문구가 붙어 있다. 어른은 떠들어도 괜찮은가. 목욕탕

안에 붙여야 할 것인데 붙일 장소가 없어서 밖에 붙였을 것이다.

탕의 문을 밀고 들어서려는데 아, 새로운 교육 문구가 붙어 있었다. 단골 목욕탕이니 새로운 것이 금방 눈에 띄지 않을 수 없다. '침은 바닥에 뱉지 말고 하수구에 뱉읍시다.' 어, 하수구가 어디 있나. 목욕탕 안의 가장자리에 패어있는 물길을 말함이었다.

탕 안의 한 옆에는 때밀이용 침대가 있다. 그 옆에는 '남의 물품에 절대로 손대지 맙시다.', '일회용품(치솔, 면도기 등)은 반드시 바구니에 버립시다.'는 교육 문구가 예외없이 붙어 있다.

간단히 샤워를 하고 한증실로 들어갔다. '다음 손님을 위하여 반드시 샤워를 한 다음 들어갑시다.' 옆에는 주의사항이 기다리고 있다. '고혈압, 노약자, 각종 질병자 및 음주자는 한증실 이용을 삼갑시다.'라고 보수 교육생을 다시 한 번 환기시킨다. 그나마 샤워라도 하고 한증실로 옮겼으니 꽤 양호한 교육생인 셈이었다.

맥반석 찜질방 입구에는 주의사항인지 뭔지 일 분쯤은 읽어야 할 문구가 붙어 있다. 무병장수는 아예 희망하지도 않는 처지이니 거들떠보지도 않았다. 건강에 좋다면 무엇인들 하지 못해 안달하는 사람들에겐 안성맞춤일 것이다.

냉탕은 10m 남짓이 될까. 수영연습을 하러 온 사람인 듯 혼자 물장구치고 난리인 것을 뭐라 할 수도 없다. 그 옆 폭포수 안마탕에는 마치 피서지 돈내코의 물맞는 곳에 오기라도 한 듯 들어간 손님이 나올 생각을 않는다. 누구 말마따나 이왕 들어왔으니 본전을 뽑겠다는 생각은 좋다 치고, 다른 손님에게 방해를 하고 있다는 생각은 왜 못할까.

서너 사람은 앉아도 충분할 온탕엔 먼저 들어간 두 사람이 다리를 쫙 벌리고 버티면서 틈입을 허용하지 않았다. 바닥을 돌아다니던 어느 사람은 가래를 으억 으억 긁어 모아서 바닥에다 칵 내뱉었다. '침은 바닥에다 뱉지 말고 하수구에다 뱉읍시다'라는 교육이 무슨 소용이 있는가. 걸친 것을 다 벗고 나면 유치원생만큼도 못한 어른들에게 보수교육이 필요하긴 한 것일까.

유일하게 전에 있었던 중요 게시문 하나가 없어졌다. '물을 아껴 씁시다.'란 교육과제다. 보턴을 한 번 누르면 잠깐 동안만 작동되고 멈추는 자동잠금장치가 교육과제 하나를 줄인 셈이다.

누구나 교육받는 것은 별로일 것이다. 유치원생이면 해결할 수 있는 것들을 보수교육을 시켜야 하는 목욕탕 주인도 짜증나는 일이다. 아마 게시물을 부착할 장소가 마땅치 않아서 그 정도로 끝냈지 더 하고 싶은 말이 많으리라는 생각이다.

보수교육 없이 시원하게 목욕하고 쉬었다 올 수 있는 대중사우나 어디 없을까.

우요일

스산하게 가을비가 내린다. 10월을 4일 남겨놓고 있지만, 여름용 추리닝을 입고 있다가 오늘 겨울용으로 바꿔 입었다. 짧은 가을이 다 가는가 보다. 비날씨가 되니 썰렁한 느낌이 들어서다. 게다가 제주바람도 조금 강하게 불어서 그렇다.

농사일로 지친 몸이 아침에 일어나기 힘들어서 웬일인가 했더니 창밖엔 가을비가 내리고 있었다. 우요일이었다. 중년 이후부터인가, 비가 내리거나 날씨가 궂을라치면 몸의 컨디션이 좋지 않다. 마치 몸이 먼저 궂은 날씨에 적응해서 일기예보를 하는 것과 같은 현상이다.

물론 우요일이란 말은 사전에도 없는 말이다. 비오는 날을 우요일이라고 해봤을 뿐이다. 직장인에겐 일주일에 하루, 일요일이 정해진 휴일이지만 농부에겐 일요일이 따로 없다. 아무리 바빠도 우요일엔 쉬어야 한다. 그래서인지 농사짓는 친구에게 오늘이 무슨 요일이냐고 물어보면 모를 때가 많다. 요일엔 아예 관심을 갖지 않기 때문이다.

농부는 우요일에 특별히 관심을 가져야 할 때가 많다. 비오는 날이 많지 않은 가을에 시비를 하려면 날씨의 변화를 체크하면서 일기예보를 잘 챙겨야 한다. 농약치는 날, 귤 수확하는 날 같은 때, 설마하던 우요일이 되면 정말 속이 상한다.

어제는 감귤원에 입상으로 된 감귤전용 유기질 비료를 시비했다. 비가 오지 않으면 발효가 안 돼서 귤나무에 흡수가 안 된다. 날씨 변화 상태를 보고 일기예보에 주시하다가 밤 늦게 비가 오겠다는 예보를 믿고 시비를 했던 것이다. 주간예보로도 며칠 새 비가 온다고 했으니 일을 미룰 수가 없었다. 비 온 다음에 시비를 해도 되지만, 훨씬 번거롭고 작업 계획에 차질이 생길 판이었다.

아침에 일어나서 보니 우요일이 되었을 때 안도감과 함께 여유까지 생기는 것이었다. 농부가 아니면 모르는 여유다. 그렇잖아도 일이 밀려서 몸이 많이 피곤해지면 차라리 우요일이 돼서 좀 쉬었으면 하는 생각이 들 때도 있다.

사람마다 비 오는 날에 얽힌 사연이 한둘 있기 마련이다. 초등학교 소풍 때의 기억이 선연하다. 며칠을 손꼽아 기다렸는데, 비 날씨로 무기 연기되거나 취소됐을 때의 아쉬움은 요즘 세대들과는 특별히 다른 것이었다. 쌀밥과 자리돔 구운 것 두어 개가 반찬의 전부였지만, 그게 어디랴. 명절, 제사, 소풍 등 특별한 날에만 쌀밥과 고기 맛을 볼 수 있었으니.

동창회나 무슨 모임 등의 야유회 예정일에 예보에 없는 비날씨가 되는 것도 책임맡은 사람을 곤혹스럽게 한다. 다음날로 자연스럽게 연기할 수 없는 경우가 대부분이기 때문이다. 준비한 음식을 처리하는 것은 또 얼마나 난감한가.

묘하게도 5일에 한 번 장이 서는 서귀포 5일 장날엔 비날씨가 잘 된다. 일기예보에도 없는 비날씨가 될 때, 왜 갑자기 비가 오느냐고 물으면 대답은 이렇다. "몰라서 묻느냐. 오늘이 서귀포 장날이니까 비가 오는 거지."라고 말이다. 우스갯소리지만, 장날에 필요한 것을 사려고 때맞춰 기다렸는데 비가 오니까 장날만 되면 비 날씨가 되는 느낌이 들 법도 하다.

쉬는 날로서의 우요일은 편안하지만, 나들이 계획이 있는 날의 우요일은 난감하게 한다. 양면성이 있는 셈이다.

10월의 중순은 한라산의 단풍 풍경이 볼 만하다. 그럼에도 단풍 구경을 해본 지가 몇 년이 되는 것 같다. 시기적으로 감귤원 관리에 신경을 써야 할 농부의 입장에선 한가한 때가 아니다. 그러다보니 단풍은 매년 찾아오지만 구경할 기회는 여간해서 없다.

올해는 단풍 구경을 하기로 작정하고 단단히 별렀다. 그것도 가족동반 등산이다. 내년이면 아들이 군에 입대하기 때문에 평생에 한 번 있을지도 모를 기회가 아닌가.

딸의 중간고사도 끝났겠다, 대학생인 아들에게도 특별한 계획이 없겠다, 백화점에서 장사하는 아내에게는 한 달에 두 번 휴일 중 한 번인 셋째 주 황금 휴일, 내게도 급한 농작업이 없는 절호의 기회였다.

일주일 전부터 설레었다. 일기예보가 애매하긴 했지만 비날씨 예보는 없었다. 단풍이 절정을 이룰 때라 등산로 입구에서 주차문제가 여간 신경이 쓰이지 않는다는 정보도 들었다. 휴일엔 늦잠을 즐기는 아이들에게 특별히 당부했다. 주차문제로 컴컴한 새벽에 집을 나서야 되니 미리 자 두라고.

다음날 아침, 찌뿌듯한 느낌과 함께 늦잠을 잤다고 생각하면서 일어나 보니, 우요일이었다. 얼마나 별렀는데, 아쉬운 마음을 표현할 길이 없다.

감귤 값 폭락으로 마음이 우울하던 차, 오늘은 우요일이 되니 비료를 잘 줬다는 생각에 마음이 넉넉하다. 우요일엔 편히 쉬고 본다는 생각으로 마음을 달랠 일이다.

0.1초

사람의 머리는 최신형 컴퓨터보다 좋다. 컴퓨터 만능 시대에 살면서 사소한 것까지도 컴퓨터에 의존하고서야 성에 차는 사람들이 늘어가고 있다. 컴퓨터가 아니면 아무 일도 못할 것 같은 착각에 빠진다. 컴퓨터가 수치계산이나 연산능력에서 사람의 두뇌를 앞선다는 것은 누구도 인정한다. 그러면서 그 컴퓨터를 만든 것은 사람이라는 것을 많이 잊어버린다.

컴퓨터는 판단이나 생각이 필요한 부분에선 아무 쓸모 없는 무용지물이다. 역시 사람이 만든 기계에 불과하다. 사람의 판단은 나이가 오십이라면 무려 50년간 시행착오를 겪으면서 축적된 결론의 순간적 도출이 가능하다.

두 달쯤 전에 국내 연구진이 세계에서 가장 가늘고 집적도가 높은 나노선을 개발했다는 신문 기사를 읽었다. 나노기술은 나노미터

크기의 물질을 제어하는 기술이라니 보통사람은 상상이 불가능하다. 나노미터는 10억분의 1미터, 머리카락 굵기의 10만분의 1이라니 어찌 상상이 가능하겠는가.

사람의 판단은 극초미세의 나노선처럼 상상하기 어렵지만, 순간적으로 반응할 때가 많음을 일상생활에서 느낀다.

작년의 일이다. 백화점에서 일하는 아내의 퇴근 시간에 맞춰 약속장소로 가고 있었다. 어렵게 주차를 해놓고 숨을 돌렸는데 몇 발 앞에 아내의 직장 동료가 가고 있는 것이 아닌가. 평소에 유머를 나누는 정도는 되니 본 순간에 장난기가 발동했다. 살며시 따라가서 손을 포옥 잡았다. 화들짝 놀라면서 손을 뺄 줄 알았는데, 그냥 반갑다는 것 아닌가. 왜 거리에서 놀래지도 않느냐고 했더니, 손을 잡을 만한 사람이 잡았을 텐데 놀랄 필요가 뭐 있느냐는 답이었다. 한 방 맞은 기분으로 손을 잡고 두어 발자국 옮겼을 때다. 이번에는 내 손가락 사이로 쏙 가락지를 껴오는 것이 아닌가. 순간 쾌감만족이면서 조금은 당황했다. 잠시 그대로 걷는 동안 헤어질 장소였다. 엉겹결에 여자의 손을 털어버렸다면 참 재미없는 남자가 됐을 것이다. 일 초도 안 된 시간에 그대로 있는 것이 좋겠다는 판단이 내려졌던 것이다. 불과 일이 분 손잡고 걸었던 해프닝이었지만, 싫지 않은 기억으로 남아 있다.

한 달 남짓 전에 모 여류 수필가의 출판기념회에 초청을 받았다. 같은 해에 반 년쯤 빨리 등단했는데, 수필집을 냈다니 반가웠다. 행사에 맞춰서 농작업이 없도록 미리 작업계획을 조정했다. 그날따라 비날씨가 돼서 자동차 운행이 힘들 것을 예상했다. 제1횡단도로로 행사장에 갔는데, 비날씨에다 초가을에 웬 안개까지 끼어서 운전이 여간 힘들지 않았다. 충분한 시간을 두고 출발했지만, 10여 분 늦게 도착했다. 예상 외의 성황인 출판기념회는 진행 중이었고, 맨 뒤에 서 있었다. 앞자리에 앉아 있던 주인공이 눈이 마주치자 눈인사를 했다. 악조건 속에 한 시간 남짓 운전을 하고 갔으니 눈인사를 받을 만도 했다.

기념회 순서가 끝나고 부설 식당에서 저녁을 먹는 자리에서다. 여류 수필가 부부가 자리를 돌면서 인사를 했다. 내가 앉은 자리까지 왔을 때 축하한다고 격려 봉투를 전달했다. 그 순간 정면에서 나를 포옹하는 것이 아닌가. 옆에는 남편이 있었기에 순간적으로 당황했다. 물론 식사를 하던 주변 손님들이 쳐다보았고.

차렷자세로 멍청히 서 있는 것은 보기에도 안 좋다. 어찌할 것인가. 0.1초의 순간적인 판단이 필요했다.

마주 껴안으면서 우승한 운동선수를 격려하듯 어깨를 토닥여주는 것으로 마무리했다. 후일 다른 기회에 물어봤더니 서귀포에서 멀리까지 오지 않을 줄 알았고, 특히 비날씨를 무릅쓰고 참석해 주니 고마워서 그랬다는 것이다. 어쨌든 내 순간의 판단이 적절했던 것 같아서 사람의 머리는 컴퓨터보다 낫구나 하는 생각을 다시 하게 된 경험이었다.

무슨 모임이라든가 부득불한 일을 아침에야 전화로 알려올 때 난감한 경우가 많다. 얼마 전에도 문협 지부장이 아침에 전화를 걸어왔다. '이중섭예술제'행사에 문협에서 막간 시낭송 등이 있다며, "시간이 있느냐."고 물어왔다. "시간이 있는 것이 아니라 만들어서 가야지요."하고 즉시 답변했다. 지부장이 꽤 흡족한 기분이 되었음은 말할 필요가 없다.

아침에 일어나면 특별한 일정이 잡혀 있지 않은 경우 그날 일정을 결정한다. 농작업 계획이 없을 때는 글 쓰는 일이 우선이다. 글쓰기를 포기하고 사람을 만나거나 모임에 참여하는 때는 중요도, 친근 정도, 관심도 등에 따라 재빨리 판단한다.

0.1초의 판단이 사람 관계 또는 생활에서 성공적이냐 실패냐의 컨트롤 키가 되는 것 같은 느낌을 갖는 요즘이다.

끝나지 않는 숙제

자신과의 싸움은 어렵다. 세상엔 참으로 어려운 싸움이 많은 것을 잘 알면서 하는 말이다. 상대가 있는 싸움은 상대의 작전에 잘 대응해서 이겨내는 스릴도 있다. 그렇지만 자신과의 싸움은 이겼을 때 다 표현할 수 없는 희열은 있을지 몰라도, 그 과정은 참담하게 괴롭다.

등단을 하고서부터 각오한 일이었다. '끝까지 가라.'는 생활철학을 갖고 있는 내가, 남는 시간 때우는 식의 글 쓰기는 하지 않을 것을 다짐했다. 글을 쓸 수 없는 상황이 될 때까지, 글 쓰기로 오는 고통을 기꺼이 감내할 것이다. 중도 포기를 해본 경험이 없으니 피를 말리는 글 쓰기를 포기할까, 등단을 포기할까 생각했던 적도 있지만 이미 내친 길이었다. 돌아서는 것은 나의 길이 아닌 것을 어찌할 것인가.

오늘이 11월 1일, 올해도 두 달을 남겨 놓고 있다. 나이 들면서 흐르는 세월 앞에 점점 겸허해지는 것을 느낀다. 누구 말마따나 벌써 반 세기를 살아버렸고, 살아온 날보다 살아갈 날들이 훨씬 짧아지고 있음을 알면서 감회가 없을 수 있으랴.

얼마 전 서귀포문협의 모임에서 억병으로 취하고 밤 늦게 집에 온 일이 있었다. 딸은 컴퓨터로 숙제를 한다고 부지런히 키보드를 두들겼다. 문득 "아빠도 이제 숙제해야겠다. 끝나지 않는 숙제." 하고선 글쓰기 소재와 관련된 몇 가지를 메모했다.

올해는 100편의 수필 쓰기를 목표해 놓고, 농작업이 없는 날과 일을 하고도 덜 피곤한 날은 글쓰기에 매달렸다.

애초부터 힘들 것을 예상하면서도 할 수 있는 데까지 해보자고 자신과의 싸움을 선포한 것이다. 그동안 괴롭고 힘들었다. 쓸데없는 오기로 피를 말리는 것 아니냐고 반문도 해보았다.

그렇지만 어려우면 어려운 만큼 이루는 보람도 남다를 수 있음을 안다. 지금 쓰고 있는 글이 올해 100번째 수필이다. 그동안 185편의 수필을 쓰면서 많은 것을 새롭게 깨닫고, 많은 생각을 하게 되었음은 무엇과도 바꿀 수 없는 소중한 체험이었다.

이제 귤수확 작업으로 연말까지 글을 쓸 수 있는 시간이 없겠지만, 애초에 목표했던 100편을 완성하였으니 마음이 넉넉하다. 외롭고 힘들었던 자신과의 싸움에서 이긴 것이다.

생각해보면 1년, 2년이라는 세월의 매듭은 얼마나 고마운 것이냐. 해마다의 매듭이 있어서 끝나는 기쁨도 있고 좀 쉬어갈 여유도 있는 것이다. 끝나지 않는 글쓰기를 작정하고 매듭이 없다면 모두

중도에 기진맥진할 것이 아닌가.

자신과의 싸움은 처음이 아니다. 아니 이제 단련돼 있다는 표현이 더 적합하다.

대입을 위해서 3년간의 독학 재수는 지금 생각해도 자신과의 피눈물나는 싸움이었다. 농고 출신으로서의 교과 과정이 아예 대입과는 무관하니, 진학을 꿈꿨던 것이 잘못이라면 잘못이었다. 집안 형편이 진학을 생각할 입장이 아니어서 인문계 진학을 포기했던 것이지만, 생각은 언제나 바뀌기 마련인 것. 하다가 안 되더라도 진학은 하고 싶다는 생각이 굳어지면서 자신과의 싸움은 시작됐던 것이다.

재수 1년쯤을 하고서 모교의 은사님과 상의했을 때의 결론은 "농고 나와서 대학 못 간다."였다. 그 한마디가 기어코 진학을 하고 말겠다는 확고한 버팀목이 되었으니, 말이란 묘한 것이다.

요즘도 재수는 아쉬우면 할 수도 있는 일이고 어려움이 많을 줄 안다. 그렇지만 내 경우처럼 사면초가는 드물 것이다. 누구도 재수를 말렸다. 승산 없는 무모한 싸움이라는 것이 그 요지였다. 말릴수록 물러설 수 없는 것이 싸움의 원리인지도 모른다. 영어나 수학은 중학교 과정부터 다시 시작했다. 부모님의 농사일을 돕는 틈틈이 한 공부였으니 시간적으로도 충분하지 못했다.

지금 생각해도 3년간 자신과의 피눈물나는 싸움이었다. 재수를 포기하고 하급 공무원 시험이나 농협 등의 취업을 권하는 유혹은 또 얼마나 강했던가. 어쨌든 자신과의 어려운 싸움에서 이기고, 진학을 할 수 있었던 것은 내 인생의 기념비적인 일이었다.

수필 공부도 독학으로 3년을 투자한 다음 등단했지만, 쉽게 덤볐

다가 고생은 무지하게 한 셈이다. 대입 재수를 한 것에 비하면 쉬운 일이었지만 말이다.

수십 편의 글을 쓴 후부터 소재를 찾는 것은 농사일을 하면서까지 필수의 숙제가 되었다. 아무리 좋은 글을 쓰고 싶어도 소재가 없이는 불가능한 일이 아닌가. 그 소재도 차츰 고갈되기만 하는 것이 아니라 찾으려고 노력하면, 쏠쏠한 소득이 있었다. 2백 편 가까이 글을 쓰면서 그만한 소재가 있다는 것조차 신기하게 생각될 정도였다.

번뜩이는 관찰력으로 아침에 눈뜨고부터 잠들 때까지 부담없는 기분으로 소재 찾기에 노력했다. 돌아보면 100편의 소재는 거저 얻어진 것이 없음을 안다.

전혀 예상치 않은 기회에 기발한 글감이 떠오를 때의 기쁨은 글 쓰는 사람만이 알 것이다.

농사일 틈틈이밖에 글을 쓸 형편이 못 되면서도, 글을 떠나서 생활해본 일이 없다.

수필 쓰기는 이 세상 다하는 날까지 끝나지 않는 숙제다. 때로는 짐이 되겠지만, 포기할 생각은 전혀 없다. 때로는 좋은 글 한 편을 못 써서 상심하겠지만, 마음 아픔의 바탕 위에 좋은 글에 대한 거리도 한 발 좁혀지리라고 믿는다.

세상 어렵다고 하면서도 끝나지 않는 숙제를 계속하는 것은 내 삶의 보람이 아니겠는가.

선택

'궁금합니다. 붕어빵에 붕어, 가래떡에 가래, 빈대떡에 빈대, 미인촌에 미인 없는 것을 잘 알면서 왜 아저씨들은 미인촌에 가는 걸까요.', '노력은 합니다만 늘 속고마는 세상입니다.' 며칠 전에 읽었던 조선일보의 '광수생각'이다.

서귀포시의 외곽 동에 반 세기 동안 터를 잡고 살아오면서, 마을 뒷산인 고근산에 산책도 가고 운동도 하는 것을 더없이 좋아한다.

작년에는 거의 매일 아침 산책을 했는데, 올해는 바쁜 농자업과 다른 일로 어쩌다 한두 번 갔을 뿐이다.

붕어빵에 붕어가 없는 것을 알 듯이, 고근산 산책을 해봐야 뚜렷한 글감이 없는 것을 알면서도 갈 때마다 포기하지 않는다. 작년에는 꽤 많은 글감을 얻기도 했다. 새벽이라 시달리지 않은 신선한 머릿속이어선지, 두어 번에 한 번쯤은 쏠쏠한 글감이 떠오르곤 했다.

한 달쯤 전이었을까, 다시 고근산 산책을 나섰다. 고근산은 표고가 396m이지만, 산 자체의 높이는 171m이다. 서귀포시에서 산책로를 개설해 놓아서 10분이면 넉넉히 정상까지 오른다.

정상의 분화구 둘레는 대략 7백 미터쯤으로 한 바퀴 도는 데 6분 정도가 걸린다. 정상에서 잠시 쉬었다가 그대로 내려오는 일은 거의 없다. 분화구를 한 바퀴 돌고 내려와야 고근산에 갔다 온 기분이 든다.

분화구 둘레는 걷기에 평탄한 길이다. 돌아가는 방향에 따라 달라지는 풍광은 언제 봐도 새롭다. 한라산의 모습, 범섬, 가파도, 마라도의 섬과 바다, 서귀포 시가지를 바라보는 것은 영원히 싫지 않을 것이다.

늘 글감을 찾는 일이 아쉬운 글 쓰는 사람의 입장에선 그 길을 사색에 잠겨 걷는다. 건강에 중점을 둔 운동도 좋지만, 생각에 잠길 수 있는 기회가 거의 없기 때문이다.

그런데 사색의 시간을 방해받을 때가 더 많다. 걸어가는데 갑자기 퉁퉁 소리가 나는 것 같으면 반사적으로 뒤를 쳐다보면서 몸을 옆으로 비키게 된다. 두 사람이 나란히 걷기에는 비좁은 길이어서 그렇다. 뛰는 사람들은 운동 목적이니 분화구 둘레를 서너 바퀴쯤은 뛰어야 직성이 풀린다. 제 좋은 맛에 뛰는 것을 뭐라 할 수 없지만, 운동 코스를 좀 바꿨으면 하는 생각이다.

어떤 때는 무슨 소리가 들리면 자동차가 오는 것이 아닌가 하고 놀랄 때가 있다. 아니, 4백 미터 가까운 산 꼭대기에 무슨 자동차냐 하겠지만, 평소 길을 걷다가 클랙슨 소리에 깜짝깜짝 놀랐던 경험으로 조건반사적 반응이다. 쓴웃음을 짓고 말지만 편한 공간이 어디에도 없어져가는 것 같아 아쉽다.

한 바퀴를 다 돌면 타이어 매트로 두 갈래 길이 만들어져 있다. 다시 분화구를 돌기 위하여 올라가는 길과, 내려오는 길이 Y자 형태로 선택을 기다리고 있다. 올라가는 길을 선택만 하면 한 바퀴 더 돌게 된다. 수십 번 고근산 산책을 했지만 올라가다가 되돌아 내려오는 사람을 본 일이 없다. 어느 대중가요는 '이리 갈까 저리 갈까, 차리리 돌아갈까' 했지만, 이리 아니면 저리의 선택만 있다.

어느 날은 그 Y자의 갈림길에서 이리 갈까 저리 갈까 잠시 고민했다. 아침 시간의 여유가 별로 없는 나로서는 평소엔 망설임 없이 내려오는 길로 방향을 잡는다. 운동부족으로 과체중에 시달리고 있는 입장에서 몇 바퀴라도 속보로 걷기운동을 하면 효과가 있을 것이다. 수십 번의 산책 중에 두 바퀴째를 뛰고 있는 30대 중반 여성이 아무래도 건강미인으로 모여, 덩달아 올라가는 길을 선택했다. 처음 한 바퀴보다 신선감은 떨어졌지만, 꽤 운동은 되는 듯싶었다.

오늘 이 글의 초고를 완료하고 늦은 오후에 다시 발길을 고근산으로 돌렸다. 올라가는 코스는 두 코스가 있다. 평소 사람들이 잘 택하지 않는 가파른 코스로 산책을 했다. 정상에 오를 때까지 혼자서 걷는 것도 괜찮은 느낌이었다.

정상에서 먼 바다를 바라보며 숨을 고르고 있었다. 3분쯤 쉬었을까, 예의 갈림길에서 올라가는 길을 택한 부부가 오고 있었다. 호감이 가는 초·중·고 1년 후배인 H였다. 한가한 시간에 부부가 고근산 산책을 하는 것은 아름다워 보이기까지 했다. 반가웠다. 분화구를 두 바퀴나 함께 돌면서 얘기를 나누니 십 년 거리가 좁혀지는 느낌이었다. 산책을 마친 후, 후배의 집에서 커피까지 마시고 왔다.

다시 선택을 생각해 보게 된다. 편한 코스로 올라왔어도, 정상에서 쉬지만 않았어도 그들을 만나지 못했을 것 아닌가. 살아가는 데 선택은 운명처럼 뒤따르는 것인가 보다.

'광수생각'처럼 '늘 속고 마는 세상'이 안 되기 위해선 선택에 정확을 기할 일이다.

그러고 보면 산다는 일은 수없는 선택의 연속이다.

나는 오늘 제대로 선택을 하는 삶을 살고 있는가?

군대와 선택

사람은 살아가는 동안 무수한 선택을 한다. 군입대는 애초부터 선택사항이 아니다. 그래서 피할 수만 있다면 피해 보려는 것이 사람의 마음인지도 모른다. 작년엔가 아무개 원사 사건이 그것을 웅변으로 말해 준다.

올해 대학 신입생인 아들은 서너 달 후에 군입대를 앞두고 있다. 요즘은 공익근로, 전경, 의경 등으로 병역의무도 선택이 어느 선까지 가능해졌다. 현역으로 가더라도 희망하는 병과가 참조가 되는 모양이다.

아들은 의경을 택했다. 농담 좋아하는 나는 아들에게 물어본다. 아버지가 교통위반으로 딱 네게 걸리면 봐줄 것이냐 안 봐줄 것이냐고. 답하기 곤란한 질문이다. 그런 딱한 우연이 생기지 않는 것이 상책이다.

요즘의 군생활은 많이 민주화됐다는 것을 매체를 통해서 알게 된다. 군대에서도 내무반에 컴퓨터가 설치되고 인터넷 접속도 가능하다고 한다. 30년쯤 전에 군생활을 했던 50대에게는 꿈같은 얘기다.

'군대에서는 줄을 잘 서야 한다.'는 것은 내 시절의 명언이다. 신병 교육이 끝나고 배치받을 곳을 정하던 때다. 카츄샤 등 좋다는 병과의 몇 사람을 앞에서부터 지정하더니만, 나머지는 몽텅 수송이었다.

수송병과가 고생문이 훤한 곳임을 알고 있었지만, 하라는 대로 할 뿐 그때의 사전엔 선택이란 말이 없었다. 지금은 대부분 대학 시절에 운전면허를 취득하지만, 그때만 해도 운전은 기술이던 시대였다.

수송교육대는 군기가 엄하기로도 유명했다. 방심과 헤이해진 자세로는 안전사고와 운행 중 사고로 직결되기 때문이다. 핸들 한 번 잡아 본 경험이 없는 사병들이 무사고로 10주간 교육을 마치고, 면허를 취득했던 것이 그것을 증명해 준다.

어려운 교육과정을 마치고 실무부대로 전속되었다. 지금도 그때의 난감했던 선택들을 생각하면 몸서리난다. 내 군 시절만 해도 수송병의 평균 학력이 고졸이 못 되는 것 같았다. 무식하게 사람을 괴롭혔다. 대학에 갓 입학해서 한 학기만 마치고 징집연령에 해당되어 입대했었다. 대학 다니다 왔다는 것이 고참들에게 눈꼴 사나운 일이 될 줄 누가 알았으랴. 잘해도 구타, 못해도 구타, 심심해도 구타, 정말 못 말린다는 말은 그런 때 쓰는 말일 것이다. 그 고참병들의 말인즉슨 졸병 때는 맞지 않으면 군기가 빠진다는 것이었다.

군 시절의 선택은 선택이 아니었다. 원래 선택은 선택을 하는 사람이 차후를 예상할 수 있는 것 아닌가. 그런데 난감하게 하는 선택은 정말 혼란만 가져올 뿐이었다. 입을 열어도 얻어맞고 닫아도 얻어맞으니 그러면 어찌하란 말인가.

무슨 일이 있으면 우선 두어 번 때린 후 "앞으로 잘할 수 있나?"라고 고참병이 묻는다. 묵묵부답이나 대답을 하거나 보상은 마찬가지다. "예, 잘하겠습니다."가 다른 사람도 열이면 열 모두일 것이다. "잘하긴 뭘 잘해, 임마."하고 또 쥐어박는다. 이래야 되나 저래야 되나 궁리를 해서 선택을 해보지만, 때리기로 작정한 고참에게는 쓸데없는 수고일 뿐이었다.

제대를 할 때까지 줄잡아 천 대는 맞았으리라. 곡괭이자루는 어디다 숨겨놓는지 기합 때면 들고 나왔다. 그나마 혼자만 잘못해서 맞는 일은 드물었으니, 동료애로 견뎌냈는지도 모른다. 어느 날은 한 고참의 행패를 참지 못해서 눈두덩이 붓도록 한 대 내질렀다. 결과는 말할 필요가 없다. 다른 고참으로부터 엉덩이가 헤지도록 얻어맞고, 엎드린 채로 잠을 잤던 기억은 30년이 다 되어가도 또렷하다.

부대의 연료를 담당했던 때의 기억은 지금 생각해도 그때의 사병들에게 미안하다. 겨울철 난방 연료는 경유였다. 연료통에서 연료를 배분할 때 규정보다 한 번쯤만 펌프 작동을 덜 해도 기름이 적게 소요된다. 선임하사는 봄철이 돼서 비운행차들의 시동걸기에 많은 연료가 소모되니 절약하라고 해서 그런가 보다 했다. 선임하사의 명령이니 거역할 방법도 없었다. 부조리는 어디든 도사리고 있는 법, 나중에 안 일이지만 깜짝 속은 것이었다. 사병들을 좀더 따뜻하게 생활하지 못하도록 하면서 가로챈 경유는 선임하사가 사회에 교묘히 내다 팔아서 착복한 것을 알았다. 인간에 대한 환멸감은 잠못 이루게 했다.

지금 군생활 때처럼 독한 마음을 가질 수 있을까 자문해보는 일이 하나 있다. 실무부대로 전속되면서 어려운 선택 하나를 했다. 거의 매일 얻어맞는 생활의 연속은 극도로 악에 바치게 했다.

탈영하고 싶은 생각이 들지 않았다면 그 상황에선 오히려 비정상적이다. 그런 생각을 이겨내는 방법은 자신과의 싸움뿐이다. 탈영은 어떤 경우에도 합리화될 수 없고, 인생길에 영원히 잘못 들어서는 결과가 될 것 아닌가.

즐기던 담배를 끊는 것이 그 어려움에서 자신을 건져내는 일이고, 자신과의 싸움에서 이기는 길임을 믿었다. 담배를 끊을 의지를 갖느냐, 탈영하느냐 두 가지 중 하나의 선택이 기다리고 있었다. 물론 전자를 택했다.

쉽지 않은 선택이었다. 군대에서 일과 중 십 분간 휴식 동안의 담배는 얼마나 꿀맛인가. 남모르는 혼자만의 선택으로 담배를 끊었을 때, 담배에의 유혹은 얼마 동안 끈질겼다. 포기하고 싶은 생각도 많았지만, 나약한 인간이 아님을 스스로 증명해 보이는 일인데 물러설 수가 없었다.

제대하기 전날, 회식 자리에서 3년 가까이 피우지 않던 담배를 다시 피웠다. 그런 사정을 그때야 안 동료들은 '독종'이란 별명을 내게 선물로 줬다.

부대를 떠나오던 때, 중대의 인사계 주임상사는 악수를 나누면서, 의미있는 말을 했다. "야, 제주도 독종도 가는구나."라고 전역을 축하했다.

'안 되면 되게 하라.'의 군대 명언은 나쁘게 생각하면 선택의 여지가 없는 무지막지함이지만, 될 수 있도록 노력하는 자세는 현재도 유용하다.

그때의 경험이 지금까지 영향을 끼친 것이 아닌가 생각한다. 선택에 관해서 상대를 최대한 존중한다는 것이다. 자녀든 친구든 내가 선택을 제시해야 할 경우 상대의 선택이 의견에 맞지 않는다고 해서 딴소리를 하지 않는다. 그러니 오히려 상대가 자기의 선택에 대해서 미안하다고 할 때도 있다.

어려움을 이겨내는 방법, 또 극기를 배우게 했던 군생활은 선택이 아니라 필수였다.

선택의 여지가 없는 군생활도 이겨냈으면서, 선택의 여지가 있는 사회생활을 더 힘들어하고 있지는 않은지 돌아다본다.

쌀

가을은 수확의 풍요로운 계절인가. 세월이 흐르고 변하지 않는 것이 있으랴만, 이제는 아니다.

제주에서는 생명산업인 감귤시세가 내리 3년 폭락으로 깊은 시름에 잠겨 있다. 육지부에서는 주곡인 쌀의 처리문제로 나라가 시끄러울 지경이다. 엎친 데 덮친 격으로 공룡이라 할 중국이 세계무역기구(WTO)에 가입한 것이 며칠 전 일이다. 그 결과로 뉴라운드 협상이 출범할 경우에 농업분야의 협상 시한을 3년으로 잡고 있다. 2005년이면 한국의 농산물 시장을 개방해야 된다는 얘기다.

이전에 우르과이라운드(UR)협상이 타결됐을 때도 농어민들에겐 날벼락 같은 난리로 다가왔던 것이 엊그제 같다. 그 생소한 외국어보다는 '우르릉 꽝'이 실감나는 이미지였다. 농사가 타산이 안 맞는다고 포기할 수 없는 농민의 입장에선, 수확의 계절이 풍요보다는 빈곤만을 절실히 깨닫게 하는 계절이 되고 있다. 무엇을 어떻게 해야 먹고 살 길이 생길 것인지 막막하기만 한 심정 앞에서, 풍요는커녕 계절감각도 잊어야 할 판이다.

연초부터 폭설피해와 극심한 가뭄을 이겨내고 넘실대는 벼 이삭을 바라보는 농업인들의 걱정은 태산 같다는 소식이다. 쌀 소비량은 갈수록 줄어드는데, 소비를 확대하는 것은 한계가 있으니 재고가 늘어갈 수밖에 없다고 한다.

사람은 무엇으로 사는가? 희망으로 산다. 더할 바가 없는 어려움 속에서도 희망만 있으면 산다. 육지부의 대다수 농업인들에게 쌀은 희망의 상징일 것이다.

어렸을 적에는 하루 세 끼 '곤밥(쌀밥의 제주어)'을 먹는 것을 부의 상징처럼 여겼다. 윤기가 자르르 흐르는 갓 퍼낸 곤밥은 얼마나 먹음직스러웠던가. 곤밥은 제사나 명절, 소풍 때나 먹어보던 귀한 밥이다. '곤떡(쌀로 만든 떡의 총칭인 제주어)'은 또 어떤가. 이제는 떡 이름도 거의 잊었지만, 인절미, 솔변, 절변, 제편은 설탕 없이도 맛있었던 기억이 남아 있다. 요즘의 신세대들은 곤떡쯤이야 아예 손사래를 칠 것이다.

쌀밥에 고기를 실컷 먹어보는 게 소원이었던 지금의 4, 50대 이상인 사람들에겐 쌀이 특별한 의미로 기억될 수밖에 없다.

쌀밥은 부유층에서나 먹을 수 있는 것으로 알아 별 욕심을 내지 않았다. 35년 전쯤 중학교 시절엔 당연히 요즘처럼 급식시설이 없었다. 도시락을 싸가게 마련인데 풀어 놓으면 그 학생이 사는 정도를 쉽게 어림짐작할 수 있었다. 쌀밥은 보기 힘들었고 쌀의 비율이

보리보다 좀 많은 반지기밥을 싸가는 학생은 드물지 않았다.

내가 가지고 갔던 밥은 쌀이 한 톨도 섞이지 않은 꽁보리밥이었다. 입안에만 들어가면 낱알로 헤어지던 꽁보리밥이다. 꽁보리밥을 싸가는 형편이니 반찬도 자리돔 구운 것 두 개 아니면 된장에 멸치 몇 개 섞어서 볶은 것이었다. 사실 그 도시락이나마 먹을 수 있었던 것은 행복이었다고 생각한다.

1970년대에 들면서 감귤 붐이 일기 시작하고 조그만 과수원에 묘목을 심은 아버지는 말했었다. "귤이 열리기 시작하면 우리도 반지기밥은 먹는다."고. 그 후 귤이 열리기 시작하자 반지기밥을 먹게 됐고, 다시 쌀밥 상용으로 바뀌기까지는 오래 걸리지 않은 것으로 기억된다.

쌀밥에 미련 없는 시대가 되더니 귤값 하락으로 전망이 어둡고, 쌀농사도 다른 작물로 바꾸도록 지원금까지 주는 세상이 됐다.

1960년대의 보릿고개 시절엔 쌀밥보다 분식이 건강에 좋다며, 초·중학생의 글짓기 제목도 분식을 장려하는 것이었다. 70년대 중반이 돼서 쌀 생산량이 늘어나자 쌀 막걸리를 만들어 먹도록 정부에서 홍보했었다. 마침 군복무 중일 때여서 밀가루 막걸리도 쉽지 않은데 쌀 막걸리는 얼마나 산뜻한 느낌이었던가. 양주보다도 더 귀하게 생각하며 쌀 막걸리를 마실 수 있는 특별한 날을 기다렸다.

최근 쌀이 넘쳐나면서 쌀 사주기 운동이니, 아침밥 먹기 운동이니 하면서 갖가지 쌀 소비 촉진책이 백출하고 있다는 것을 안다. 쌀 살리기 운동이 쉽게 성공을 거두기 어려운 것도 난제다. 지난 몇 년 전부터 쌀 소비량이 급감하고 있다는데, 식생활의 변화가 한

뭊하고 있을 것이다. 어른들은 과체중을 줄인다는 생각으로 아침밥을 거른다. 인스턴트 식품에 길들여진 신세대들도 아침밥 거르는 것쯤은 당연한 것으로 알고 있으니 문제다. 거르지 않더라도 빵과 우유로 대변되는 서구식 식생활이 보편화되면서 쌀은 점점 멀어지고 있다는 느낌이다. 그 신세대들의 신세대들은 자연히 쌀을 역사 교과서에서나 배우게 되지 않을까 염려된다.

위기는 새로운 기회가 되기도 하는 것이 우리 삶의 원리다. 급기야 쌀농가들이 고부가가치를 창출하는 '기능성 쌀' 재배에 관심을 쏟는다고 한다. 양에서 질로 바뀐 소비자들의 취향에 맞추고 있다는 것이다.

아직 기능성 쌀을 이용해보지는 않았지만, 쌀도 골라 먹는 시대가 온 것이다. 키토산 쌀, 백암 게르마늄쌀, 동충하초쌀, 풀꽃나라 자운영쌀, 한눈에 반한 쌀, 흑향미, 씻어나온 쌀, 임금님표 이천쌀 등 다양한 쌀이 농가에 희망을 주었으면 한다.

근검, 저축, 절약, 과소비 억제는 흘러간 옛 노래다. 소비가 미덕인 시대가 된 느낌이다. 소비 심리가 살아나야 세상 사는 맛도 살아날 것 아닌가. 절약만 한다면 오히려 물건이 팔리지 않고 여러 곳에서 소득이 줄어드는 현상이 경제논리임에랴.

쌀농사가 지켜지지 않으면 농업은 회생하기 어렵게 침몰할 것이다. 한자로 '쌀 미' 자의 풀이처럼 여든여덟 번 손이 가는 정성으로 생산된다. 그 정성 앞에서 쌀농가가 우울한 것이 현실이다.

우리 민족은 예로부터 '농자천하지대본'이라고 했거늘, 대본은커녕 농업인이 설 자리라도 마련되었으면 좀 좋은가.

감귤은 '제주의 쌀'이다. 올해는 넘쳐나는 쌀 처리에도 긴장감이 감돌고 있지만, 판로가 트이지 않는 감귤 처리도 마찬가지다. 생산비도 못 건지는 농사를 하면서 아픈 머리에, WTO니 뉴라운드니 대책 없는 소식만 들려오니 마음이 무겁다.

주차 문화

시내에 볼 일이 있으면 주변에 주차장이 있는가부터 챙긴다. 대책 없이 나갔다가 주차 문제로 시간을 허비하고, 약속을 지키지 못한 적이 있고부터다.

한동안 '부패와의 전쟁', '범죄와의 전쟁' 같은 구호가 남발되어서 전쟁이란 말도 별 심각성 없이 체질화돼버린 것 같다. 전쟁의 사전적 의미는 국가와 국가 사이의 무력에 의한 투쟁이라고 명시돼 있으니, 쉽게 사용될 수 있는 말이 아니다. 그럼에도 모든 일에 강도 높은 구호를 사용하다보니, 더 높은 강도의 말도 없고 일상화되어 가는 것일 게다.

필요할 때 주차가 어렵다보니 주차전쟁이란 말도 튀어나오는 세상이다. 주차 문화가 없으니 주차 전쟁은 당연히 뒤따를 것 아닌가 하는 생각이다.

내가 사는 서귀포시에도 중심지에서 제대로 주차를 하고 일을 볼 수 있는 날은 운 좋은 날이다. 인구 8만 5천의 소도시에서 자동차는 무섭게 증가해서, 재작년(1999년) 말 통계로 승용차만도 2만 3천 대를 넘어섰다고 한다.

이제 지천명의 나이인 내가 걸음마를 시작할 때(1954년) 제주도 전체의 자가용 차량은 일곱 대라는 통계다. '80년대 초반까지만 해도 자가용은 부의 상징이었다. 학생들의 생활 정도를 파악하는 데 재산사항으로 기록됐었다고 기억된다. 이후 자동차가 보편화되고 필수적 생활수단이 됐다. 운전면허증이 각종 행정기관이나 금융기관 등에서 신분증 대용으로 쓰일 만큼 웬만한 성인은 운전면허를 보유하는 세상이다.

자동차문화의 발달은 전산업분야의 발전에 기여한 공이 큼을 부인할 수 없다.

양지가 있으면 음지도 있듯이 자동차의 급격한 증가는 교통사고는 물론 여러 사회문제를 불러왔다. 시내의 도로를 확보하는 것도 자동차의 증가를 따라잡는 데 항상 역부족이다. 그러니 시내로 차를 몰면 교통체증에 짜증은 기본이고, 마땅히 차를 둘 곳을 찾기가 어렵다.

이면도로엔 곳곳에 차가 넘쳐난다. 주차문화가 자리잡을 틈새가 없이 차만 넘치는 느낌이다. 한쪽 줄만 주차가 허용된 도로에서 혼자만 편하려고 반대쪽에 턱 차를 세워 놓는 몰염치를 수시로 본다. 고도의 운전실력을 발휘해야 빠져나가면서 수십 명의 사람들에게 욕지기가 튀어나오는 경험을 하게 한다.

차를 몰고 다니면서 저마다 주차에 얽힌 사연은 있기 마련이어서, 동료들이 모인 자리에서 누가 화두를 꺼냈다 싶으면 줄줄이 이어지는 것을 본다.

재작년의 일이다. 밤에 아내의 생일 선물을 산다고 지금 고2인 딸과 시내로 나갔다. 서귀포 시내의 항공모함 빌딩 인근의 이면도로는 항상 주차하려는 차들로 만원이다. 80m 남짓이 되는 거리다. 시에서 도로명을 이제야 정하면서 '명동로'라고 했을 만큼 복잡한 이면도로다.

마침 주차구획선의 빈자리 한 곳을 확보하고 딸에게 지키고 있으라 했다. 주차를 위해서 후진하고 있는데, 웬 젊은 청년이 전진으로 주차하는 것이 아닌가. 그 청년은 딸에게 비키라고 윽박지른 후 선점해버린 것이다. 참 황당했다. 청년이 주차 후 내려서 내가 주차하려고 후진하는 것을 못봤다고 했다. 불과 2미터쯤 앞에서 후진하는 것을 몰랐을 리가 없지만, 다투는 것을 포기했다. 그 어려운 주차 공간에서 주차 거리가 보이자 잽싸게 차머리를 처박는 데 정신이 팔려서 후진 차를 못봤을 수도 있다. 미안하다고 하면서도 횡재를 한 듯 그냥 사라졌다. 딸에게도 싫은 소리를 했지만, 운전하는 사람이 비키라고 하면 비길 수밖에 없는 일 아닌가.

볼 일을 끝내고 홧김 운전이 돼서 그랬는지 편도 1차선의 십자로에서 좌우를 확인하고 중앙선을 그대로 넘었다. 그런 사례가 많은 도로여서 눈앞에 교통순경이 지키고 있는 줄도 몰랐다. 고액 범칙금 스티커를 받고 벌점도 얹어졌음은 물론이다. 그럴 때를 억세게 운수 사나운 날이라 하는가.

시에서 주차문제를 해결하려고 임시 공한지 등에 무료주차장을 만들어 놓은 곳이 여러 군데 있다. 주차 구획선이 그어져 있지 않으니 제멋대로다. 어림짐작으로 열 대를 주차할 공간이면 여섯 대 정도 주차가 고작이다.

차가 넘치는 시대이니 무료주차장은 항상 만원이다. 어느 날은 오후에 어머니의 침술치료에 동행해서 항상 이용하는 무료주차장에 차를 뒀다. 집에 오려고 했을 때 차를 빼내는 일이 난감했다. 일방통행이어서 우회전밖에 가능하지 않은데, 갤로퍼승용차가 주차선 밖의 도로에 세워져 있는 것이 아닌가. 아무리 좋은 차도 직각회전은 못하는 것이다. 무리하게 차를 빼려고 시도하다가 차 옆구리를 받치는 낭패를 당했다. 큰 흠은 아니어서 그대로 타고 다니지만, 주차문화에 열 바치게 하는 일이다. 결국 반대편으로 겨우 차를 빼서 약 일백 미터 가량을 역주행하면서 가슴 졸였다. 마주 오는 차가 없을 때여서 그나마 다행이었다.

이면도로에서도 혼자만 편하면 그만이고 다른 차량이나 통행인은 아예 무시한 운전기사들에게 주차문화를 알게 할 방법은 없는 것일까.

무료주차장은 주차 구획선이 없다고 편한 대로 주차하다보니, 기껏 육칠십 프로의 공간 활용밖에 안 되는 것을 볼 때마다 아쉽다.

주차 공간을 찾아헤맬 때 앞에서 주차했던 차를 빼줄 때의 안도감은 어떻게 표현할까.

어차피 살아가는 모든 일들이 전쟁이라는 살벌한 단어로 나타나는 세상이다.

여유를 갖는 삶이 어렵다고 포기할 것이 아니라, 그런 지혜를 터득할 일이다.

궁지

춥다, 덥다의 느낌에서 어느새 아침이면 몸을 움츠리는 초겨울이다. 내리 3년 폭락세로 돌아선 감귤 값으로 올 겨울은 더욱 춥겠다.

감귤 수확은 11월초에서 12월 중순까지에 집중된다. 싸늘한 제주 바람과 진눈깨비라도 날리는 날이면 일이 여간 고되지가 않다. 그나마 가격 형성이 되는 해에는 진눈깨비쯤이야 참아낼 만하지만 말이다.

11월도 이제 4일을 남겨놓고 있다. 연이은 감귤수확작업에 과로가 돼서, 3일쯤 쉬기로 했다. 이제 고희를 넘기신 어머님이 많이 지쳐 있는 것 같고, 아버님 제사와 바로 뒷날은 어머님의 생신이다.

'구름 많고 비 또는 눈 조금'이라는 일기예보대로 종일 썰렁했다. 비나 눈은 오지 않았지만 그런 날보다 더 견디기 어려운 날이다.

조금 썰렁해진 날씨에도 힘들어하다가 문득 '복권영감'이 떠올랐다.

서귀포 중심가인 초원빌딩 가까운 곳에 복권을 파는 할아버지가 있다. 몇 년 전부터인지는 정확히 기억이 안 나지만, 이제 80대의 영감이다. 각종 복권 외에 신문, 승차권 등을 팔지만, 주된 것인 복권이다.

영감의 일터는 야외용 간이화장실을 개조한 것 같은 좁은 박스다. 몸을 어디에 기대기는커녕 종일 바른 자세로 앉아있기밖에 다른 방법이 없다. 날씨가 견딜만 할 때는 그렇다치고, 땡볕의 여름날이나 추워질 때는 80영감이 견디기 어려울 것이다.

지난 여름이다. 가만히 서 있어도 땀이 흐르는 날, 복권을 한 장 사면서 땀을 줄줄 흘리는 영감에게 인사로 물어봤다. "더운데 고생 많으시겠습니다." 말을 꺼내고선, 답을 기다렸다. 너무 더워서 죽을 지경이라느니 으레 그런 답이 되돌아올 줄 알았던 나는 한 대 맞은 느낌이었다. "뭘요, 돈 버는 일인데, 이만 고생쯤이야 못하겠습니까." 하는 것이 아닌가. 아, 복권을 팔지만은 직업에 대한 보람을 확실히 갖고 있구나 하는 느낌이었다.

신선한 충격이었다. 현재 알려진 직업 수는 1만 2천3백 개라는데, 얼마 만한 사람들이 영감과 같은 직업의식을 갖고 있을까. 오늘도 복권영감의 일터를 지나면서 주택복권 한 장을 샀다. 영감은 늘 하던 것처럼 "예, 고맙습니다. 여기 있습니다." 하고 복권을 내밀었다.

사실 무슨 돼지꿈을 꾸거나 혹시나 하는 기대감에서 복권을 사 본 일이 없다. 어쩌다 끝자리 하나가 맞아서 다음 주 복권으로 바꾼다. 영감은 내미는 복권을 잠시 확인한 다음 "예, 됐습니다." 하면서 새 복권 한 장을 내놓는다. 80을 넘긴 영감이라고 믿기 어려울 만큼 목소리도 시원시원하다.

산 서비스 교육을 받는 느낌이다. 모든 매장에서 그 영감처럼 기쁜 마음으로 손님을 맞는다면 소비 심리도 되살아날 것 아닌가. 서귀포에도 복권을 파는 곳은 여러 곳이 있지만, 다른 데서 한 번도 복권을 사 본 일이 없다.

이렇게 살아라, 저렇게 살아라 하고 잘난 사람들이 길을 제시하는 글을 읽어도 하나도 재미가 없었다. '철학서적 열 권을 쓰는 것보다 하나의 주의를 실천하는 것이 더 어렵다.'고 누가 말했던 것 같다. 그 힘들었던 여름 날에도 '돈 버는 데 이만 고생쯤이야.' 했던 영감의 일에 대한 긍지는, 철학서적 열 권보다 낫지 않은가.

'긍지'의 사전적 풀이는 '자신의 재능이나 능력 따위를 믿음으로써 가지는 자랑'이라고 했다. 많은 사람들이 자신의 일에 대한 긍지보다는 불평 불만이 많은 것이 사실 아닐까. 보수가 한 푼 오르는 것에 희희낙락하다가도, 귀찮은 일거리 하나만 더 맡겨도 '옛날이 좋았는데.'를 읊조리는 게 보통사람의 일이다.

'사람에겐 견뎌낼 수 있는 만큼의 좌절만 찾아온다.'고 했다. 80대의 그 복권영감에게도 그 일을 하지 않으면 안 될 사연은 있을 것이다. 물어보진 못했지만 단순한 소일거리로 일을 하는 것 같진 않았다. 어떻든 하는 일에 대한 긍지가 없었으면 그 영감이 복권 박스에 앉아있지 못할 것이다. '에구, 이 나이에 팔자가 기박하지. 몇 푼 되지도 않는 장사를 한다고 종일 박스 안에서 죄인처럼 웅크리고….' 하는 푸념이나 나오는 것이 보통사람일 것이다. 운명의 달인 헬렌 켈러는 “삶은 대단한 모험이 아니라면 아무것도 아니다.” 라고 했다.

나는 복권영감에게 긍지를 배우고, 일하는 행복을 배웠다.

어느 날 고등학생인 딸이 인터넷 검색에서 뽑은 ‘행복을 위한 10가지 충고’ 중 몇 개가 생각난다.

‘나의 현실 상황에 좌지우지되지 말고 무조건 행복해지기로 마음먹고 행복한 상황을 선택하라.’ 아마 복권영감의 좌우명이 될 만한 말이다. 똑같은 상황에서도 행복을 택하는 사람도 있고 불행을 택하는 사람도 있을 것 아닌가.

‘나 아닌 남과 나를 비교하지 말라.’

‘지금 내게 있는 것, 지금 나와 함께 하는 사람의 소중함과 감사함을 잊지 말라.’

‘아주 작은 일이나 사건에도 감사의 말을 전하는 습관을 가지라.’

‘자신의 현실을 있는 그대로 인정한 후 그대로 행복하다는 것을 인정하라.’

출처를 확인하지 못한 충고지만, 복권영감에게서 느끼는 그대로다. 조그만 일에 충실하고 감사하는 것쯤이야 누구나 할 수 있는 쉬운 일로 착각한다. 쉬운 일이기는커녕 대부분의 보통사람이 그렇게 하지 못하는 어려운 일이다.

문득 돌아가신 할머니의 체험적 인생론이 생각난다. ‘위를 쳐다보고 살면 하루도 살 맛이 안 난다. 아래를 내려다보면 자신만도 못한 사람이 쌓이고 쌓였음을 이내 알게 된다.’고 말이다. 사람은 원래가 상향성의 동물이니 아래를 생각하는 것 또한 어려운 일임에 틀림이 없다. 그렇지만 마음먹기에 달려있는 것은 사실이다. 풍족한 경제력을 갖고 있으면서 늘 어렵다는 얘기만 하는 사람도 있다. 반면에 즐거울 일이라곤 하나도 없을 것 같은 어려운 형편에도, 웃으면서 사는 사람을 주위에서 얼마든지 본다.

감귤 값 폭락으로 아픈 마음을 달래기가 쉽지 않지만, 혼자만 당하는 아픔이 아닌 걸 어쩌랴. 사람에겐 견뎌낼 수 있는 만큼의 좌절만 찾아온다고 했으니, 믿어 볼 일이다.

복권영감 말마따나 돈 버는 일에 이만한 고생, 이만한 아픔이야 없으랴.

차가운 겨울은 오는데, 그 영감은 어떻게 고생되지 않을까? 내가 할 수 있는 일은 가끔 복권 한두 장 사는 일 뿐인데.

종일 겨울을 재촉하는 겨울비가 내린다.

마음밭

초겨울인 요즘, 생산비도 못 건지는 귤을 수확하느라고 하루 해가 너무 짧다. 점심을 먹고 두어 시간 일했는가 싶으면 벌써 날이 어둡다.

사람의 마음처럼 사람을 좌지우지하는 것이 있을까. 신나는 기분으로 일을 할 때는 지친 것을 모른다. 아니 지친 것을 생각할 겨를조차 없다. 그렇지만 일할 기분이 안 날 때의 일이란 왜 그렇게 피곤한지 당사자가 되어보지 않고서는 이해가 안 된다.

연 3년 폭락세로 돌아선 감귤 값은 이러지도 저러지도 못하게 하는 아픔이 있다. 아픈 심정이야 딴 농사도 마찬가지겠지만, 채소처럼 갈아엎지도 못하는 것이 감귤 농사다. 다음 해 농사를 위해선 달려 있는 귤을 남김없이 따내야만 한다. 돈이 되기는커녕 인건비가 지출되더라도 파치귤까지 수확해야 하니 힘겹다. 차후 희망이라도 보이면 일이 힘들지만은 않을 텐데 말이다.

'행복을 위한 10가지 충고' 중 한 구절이 생각난다. '나의 현실 상황에 좌지우지되지 말고, 무조건 행복해지기로 마음먹고 행복한 상황을 선택하라.' 그것이 가능할까. 아픈 마음에 위로는 된다. 정말로 사는 것이 힘든 사람이 죽겠다는 말을 밥먹듯이 한다고 해서 그 상황이 조금도 나아지지 않듯이.

초겨울이라 일찍 날이 저물어서, 농작업을 끝내고 집에 오면 시간 여유가 좀 생긴다. 아내를 퇴근시키러 갈 때까지 세 시간 정도 마음밭에 머문다. 신나는 일이 있든 우울하든 마음밭에 있는 시간이 행복하다. 아무도 시비걸 일이 없는 혼자만의 공간이 마음밭이기에 그렇다.

'마음밭'은 내 서재의 이름이다. 수필을 쓰기 시작하면서 3년 넘게 생각한 이름이다. 무슨 '재'니 '헌'이니 하는 거창한 이름을 붙일 형편도 못 되지만, 농사일이 없을 때는 종일 머물기도 하는 곳이니 이름 하나 가질 만하지 않은가.

불과 20평의 좁은 단독주택인 것을 생각하면, '마음밭'이라는 서재를 둘 수 있는 것은 다행이다. 수십 평 아파트에 살면서도 서재는 커녕 책 한 권 구경하기도 힘든 경우가 대부분이다.

'마음밭'은 3평 반 정도가 된다. 6백 권쯤의 책이 있는 서가, 탁자를 책상 대용으로 쓰고 있는 앉은뱅이 책상, 컴퓨터, 딸이 초·중학생 때 애용하던 피아노, 손님용 소파 등이 놓여 있다. 나는 컴퓨터로 글 쓰는 것을 좋아하지 않고, 앉은뱅이 책상에서 원고를 쓰는 원시인이다.

글을 읽고 쓰면서 마음을 다스린다는 의미로 '마음밭'이라고 이름한 서재에서 많은 애환을 느낀다.

엊그제는 농작업을 끝내고 집에 오니 엄청 피로를 느꼈다. 마음밭에서 낮 동안 못 읽은 신문을 보고 있을 때였다. 노크 소리가 나더니 어머님이 들어오셨다. 내년에 귤밭을 소작하겠다고 하던 사람이 포기하겠다는 전화를 해왔다고 하신다. 귤값 폭락세로 이미 예견한 일이었지만, 실망은 컸다. 혼자 많은 면적을 관리하기가 벅차서, 내년엔 적정 면적만 했으면 하던 차였다. 많이 피로를 느끼며 마음밭에서 좀 쉬려고 했는데….

마음을 다스리기 어려운 상황은 겹쳐서 온다고 했던가. 어두운 마음이 되면서 그래도 마음을 달래고 있었는데, 이번엔 아내의 전화가 걸려왔다. 몸이 좋지 않아서 20분쯤 일찍 퇴근하겠다는 얘기였다. 아내도 한 달에 두 번 있는 휴일을 쉬어 볼 틈 없이 귤수확 일을 돕곤 했으니, 심한 과로가 된 모양이었다. 이래 마음은 파김치가 되는 느낌이었다. 어느 한 시절 유행어처럼, '우째 이런 일이….' 였다.

인생 80, 29,200일, 칠십만 팔백 시간을 산다는 것이 쉬운 일이랴. 마음밭에서 비오고 바람부는 날의 마음도 다스릴 일이다. 마음밭은 쉬기만 하고 가꾸지 않아도 되는 곳이라고 착각하지 말 일이다.

너그러울 때는 온 세상을 품다가도 틀어지면 바늘끝 하나 들어갈 여유가 없는 것이 사람의 마음 아니냐. 심란한 일이 없이 쉴 때는 마음밭의 3인용 쇼파에 누우면 그대로 잠이 온다. 팔걸이가 딱딱한 나무이고 길이가 1m 60cm밖에 안 되니 편안하게 눕기는 불편하지만, 책도 보고 신문도 본다. 누워서 책을 읽거나 신문을 보는 것은 난시의 원인이 된다고 하는데, 버릇을 쉬 고치지 못하고 있다. 어쩌다 쇼파에서 낮잠을 즐길 때도 불편하니까 한 시간을 채우지 못하지만, 그래도 고물 쇼파가 좋다. 마음밭이 좋다. 농사일이 없는 날 집에 있을 때, 아내가 어디 있느냐고 물으면 '방콕'에 있다고 했었다. 이제는 '마음밭'에 있다고 하지만.

이름이란 좋을 필요가 있다고 생각한다. 제주의 유일한 소주 회사인 '한일소주'는 어느 날 '한라산소주'로 이름을 바꾸면서 매출 신장세가 좋아졌다고 한다. 사실 별 의미가 없는 '한일'보다는 제주 사람에게는 누구와도 친근한 '한라산'이 백 번 낫다.

아무런 이름 없이 글 쓰는 방이라기보다는 '마음밭'이 풍성한 느낌을 준다. 올해는 시간 활용을 최대로 해서 마음밭에 머문 시간이 꽤 된다. 우선 100편이 넘는 수필을 썼으니, 한 편당 다섯 시간 정도 셈하면, 무려 500시간을 원고지와 씨름했다는 계산이 된다. 농사일로 시간 확보가 쉽지 않은 것을 감안하면 마음밭의 소득은 풍성한 셈이다.

엊그제처럼 마음이 우울했을 때는 컴퓨터도 켜 본다. 컴퓨터의 한 수필 동호회에 들어가 봤다. 유머 릴레이 코너를 마련해서 글을 두어 번 올렸더니, 한 회원의 응답이 걸작이다. 답인 즉 "중앙에서 개그맨 되셨다는 소문이 있습니다. 사실입니까?"라고.

요즘 같아선 차라리 개그맨이 되어 나는 못 웃지만 남이라도 웃기고 싶은 심정이 된다.

네 번째 작품집을 내면서

봄이 움트는 기운이 사위에 충만한 봄날에 네 번째 작품집을 상재하게 되어 많이 기쁩니다.

특히 3년에 작품집 한 권씩은 내겠다는 자신과의 약속을 충실히 이행하고 있으니, 기십(제주어로 용기)이 살아납니다.

비록 졸작을 양산해서 수필계를 어지럽히고 있지 않나 하는 우려보다, 작품에 대한 열정이 넘쳐서 그런 거라고 좋게 격려해 주실 줄 믿습니다.

네 번째 작품집은 선혀 의외였습니다. 작년도에도 어려운 형편에 세 번째 책을 엮었는데, 이번은 '제주문화예술재단'의 지원이 없었으면 불가한 일이었습니다. 재단의 사업에 정말로 고마운 마음을 표하고자 합니다.

이미 쓴 천여 편의 수필 중 문예지, 전문 수필지 등에 발표한 작품이 130여 편이 되고, 기출판된 세 권의 수필집에도 265편이 발표되었으니 이제 나머지 작품도 책으로 낼 수 있도록 감귤농사에도 박차를 가할 생각입니다.

이번의 책은 아들의 결혼식장에도 비치해서 책을 읽을 만한 분에게 한 권씩 드릴 생각입니다. 책을 증정하고 그 집에 방문했더니 기울어지는 장롱받침으로 썼더라는 웃기는 현실도 이제는 사라져야겠지요. 책 안 읽는 시대에 책을 쓰려는 열정만으로 굳어진 이상한 사람으로 생각지는 말아주십시오.

저는 농사꾼처럼 살고 싶은 사람이 아니라 바로 농사꾼입니다. 때로는 하늘을 보고 울기도 하는 순박한 농사꾼의 한 사람입니다.

저 눈밭에서 먹이를 찾아갈 곳을 찾았던 노루처럼 글 쓰는 농사꾼인 나도 실망하지 않고 갈 곳을 찾겠습니다. 졸작들의 행진을 끝까지 읽어주신 독자 여러분 고맙습니다. 다음번의 책에선 좀더 나아지려고 노력하겠습니다.

오태익 수필집
저 눈밭의 노루처럼

인 쇄 / 2010년 3월 2일
발 행 / 2010년 3월 10일

지은이 / 오 태 익
발행인 / 서 정 환
발행처 / 수필과비평사

출판등록 / 1984년 8월 17일 제28호
주 소 / 서울시 종로구 익선동 30-6
운현시화타워 빌딩 2층 208호
전 화 / (02) 3675-5633, (063) 275-4000
팩 스 / (063) 274-3131
E-mail / essay321@hanmail.net

값 10,000원

ISBN 978-89-5925-674-7 03810

※ 이 책은 제주문화예술재단의 지원을 받아 발간하였습니다.